도올만화맹자 1

도올만화맹자 1

양혜왕 · 공손추 · 등문공

맹자 원작 | **도올** 역주 | **보현 · 안승희** 만화

통나무

| 여는 글 |

공자왈, 맹자왈…
맹자는 누구일까요?

맹자는 공자가 죽은 지 100년 후쯤, 공자의 고향 산동성 곡부에서 그리 멀지 않은 추읍에서 태어난 중국의 사상가입니다. 흔히 공자와 함께 '공·맹'이라 불리는 유학의 성인이죠. 맹자의 어머니가 자식의 교육을 위해 세 번 이사했다는 '맹모삼천지교'나, 맹자가 공부를 중단하고 돌아오자 어머니가 짜고 있던 베를 끊었다는 '맹모단기'의 설화에서 알 수 있듯이, 맹자는 어려운 환경에서 자랐지만 공부를 통해 대학자가 되었습니다.

공자와 맹자는 각각 『논어』와 『맹자』를 남겼는데, 『논어』가 공자 사후 제자들이 스승 공자의 말씀을 기록한 것을 모아 편찬한 것이라면, 『맹자』는 맹자가 말년에 제자들과 함께 자신이 천하를 돌며 펼쳤던 사상을 기록하고 편집한 것입니다.
공자가 살았던 시대를 춘추시대, 맹자가 살았던 시대를 전국시대라고 부르는데, 춘추시대에 글을 읽을 줄 아는 사士의 계층이 처음 생겨났다면, 그 후 200년도 채 안되어 백가百家라고 불릴 만큼 많은 사상가들이 나타나 그 영향이 2300년이 지난 오늘날까지 엄연히 미치고 있습니다.
우리 역사의 고조선에 해당되는 이 시기에 중국 땅에서는 이미 동양 사상의 꽃들이 활짝 피어나 화려함을 다투었던 것이죠. 그중에서도 유학사상은 우리나라에 커다란 영향을 주어 왔습니다.

『맹자』에서 맹자는 평화시대의 상징인 요·순시대의 상황을 설명하고, 거기서부터 고대 중국의 역사가 어떻게 흘러왔는지, 지금의 위정자가 어떻게 정치를 펼쳐야 하는지, 앞으로 역사는 어디를 향해 가야 하는지에 관해 자신의 사상을 펼치고 있습니다.

맹자와 제자들, 당시의 실제 인물들이 등장해 사람이 무엇을 바라고 어떻게 살아야 하는지에 대해 치열한 논쟁을 벌이는 모습도 볼 수 있죠. 따라서 『맹자』를 읽는 것은 중국의 역사와 철학을 배우는 것이고, 조선이 철저한 '공·맹'의 나라였음을 떠올린다면 곧 우리의 역사와 철학을 이해하는 것이 됩니다.

또한 『맹자』에는 국가, 생활, 선생, 학교, 수업, 학문, 인륜, 대장부, 호연지기, 호걸 등 지금도 우리가 자주 쓰는 말들이 처음 나타나고 있어 더욱 놀라운데, 맹자가 만들고자 했던 세상이 지금 우리가 만들려고 하는 세상과 크게 다르지 않기 때문에 여전히 『맹자』는 읽히고 있고, 또 읽어야만 합니다.

고주古注로서는 유일하게 전해지는 『맹자』 주석서인 『맹자장구』를 쓴 조기는 나관중의 『삼국지연의』에도 이름이 나오는 인물입니다. 『맹자』를 『삼국지』시대의 사람이 해설한 『열국지』시대의 이야기로 읽는다면 더욱 흥미로울 것입니다.

『도올만화맹자』는 『맹자』를 읽고 싶고, 이해하고 싶어 하는 분들에게 대강의 요체를 쉽게 전달하기 위해 기획되었습니다. 도올 김용옥 선생님의 책 『맹자 사람의 길』을 저본으로 삼았는데, 특히 인터넷 도올서원 후즈닷컴의 《맹자》 강의에 많은 빚을 졌습니다. 『맹자』라는 한 권의 책을 두고 3년에 걸쳐 231강의 강의가 이어진 것도 세계적으로 유례가 없는 일이지만, 만화를 위해 책을 여러 번 읽었어도 선생님의 강의를 한 번 듣는 것만 못했음을 고백합니다.

『도올만화논어』에 이어 『도올만화맹자』도 흔쾌히 허락해주신 도올 선생님께 진심으로 감사 드립니다.

2016년 5월
보현

도올 만화 맹자 1

차례

양혜왕 상(梁惠王 上) • 8
양혜왕과 상앙 • 52

양혜왕 하(梁惠王 下) • 66
제위왕과 순우곤 • 106

공손추 상(公孫丑 上) • 120

공손추 하(公孫丑 下) • 153
맹자와 어머니 • 178
맹자의 왕도사상 • 182

등문공 상(滕文公 上) • 192

등문공 하(滕文公 下) • 229
『맹자』와 조기 • 260
맹자의 나라, 조선 • 266

연표 • 274
상세목차 • 276

등장인물

맹자

인의의 왕도정치를 펼 것을 주장한 전국시대의 사상가. 추나라 추읍에서 태어나 노나라·제나라에서 공부한 뒤, 공자의 유가사상을 계승하였다고 자부했다.
50세 이후 자신의 뜻을 펼치기 위해 제자들과 함께 위·제·송·등·노 등 여러 나라를 돌며 군주들에게 유세한다.

양혜왕

위나라 창업자인 위문후의 손자, 위나라를 전국칠웅의 하나로 키워낸 위무후의 아들이다. 32세에 등극하여 초기에는 매우 의욕 있게 국가를 운영하였으나, 우유부단함과 결단력 부족으로 결국 진秦나라에 밀려 수도를 대량으로 옮긴다. 이후 세상은 그를 위혜왕이 아닌 양혜왕이라고 불렀다.

제선왕

제나라 전田씨 왕조를 시작한 전화의 증손자, 손빈을 전략가로 대접하여 마릉대첩에서 양혜왕에게 결정적인 패배를 안겨준 제위왕의 아들이다.
아버지 제위왕이 만든 직하학파를 더욱 크게 지원하여 백가쟁명의 자유로운 학문 풍토를 만들었다.

공손추

배움의 열정이 넘치는 제나라 출신의 맹자 제자. 재치 있으면서도 진지한 질문을 던져 맹자로부터 많은 답변을 이끌어낸다.

등문공

작지만 유서 깊은 나라의 젊은 군주. 맹자의 말을 잘 듣고 따랐으며, 실제 국정에 반영하려고 노력한다.

위나라의 수도 대량大梁으로 향하는 맹자 행렬. BC 320년

양혜왕 상
梁惠王 上

孟子見梁惠王.
맹 자 견 양 혜 왕

맹자께서 양혜왕을 만나셨다.

王曰: "叟不遠千里而來, 亦將有以利吾國乎?"
왕왈 수불원천리이래 역장유이리오국호

양혜왕 상 - 2

孟子見梁惠王. 王立於沼上, 顧鴻鴈麋鹿曰: "賢者亦樂此乎?"
맹자견양혜왕　왕립어소상　고홍안미록왈　현자역락차호

맹자께서 양혜왕을 만나셨다.
왕은 때마침 큰 정원의 연못가에 서있었는데,
크고 작은 기러기와 사슴이 노니는 것을 둘러보면서 말하였다.

현자 또한 이런 것들을 즐거워하십니까?

「**탕서**」,(『서경』): 은나라의 탕왕이 하나라의 폭군 걸왕을 토벌할 때 내건 격문

湯誓曰: '時日害喪, 予及女偕亡.'
탕 서 왈   시 일 갈 상   여 급 여 해 망

이와는 반대로 **탕서**에는 뭇 백성들이 태양에 자신을 비유했던 걸왕을 저주하여 다음과 같이 노래부르고 있습니다.

'이놈의 태양이여! 너 언제나 없어질 것이냐?
네놈이 없어지기만 한다면 우리가 다 멸망해도 여한이 없으리라!'

民欲與之偕亡, 雖有臺池鳥獸, 豈能獨樂哉?"
민 욕 여 지 해 망   수 유 대 지 조 수   기 능 독 락 재

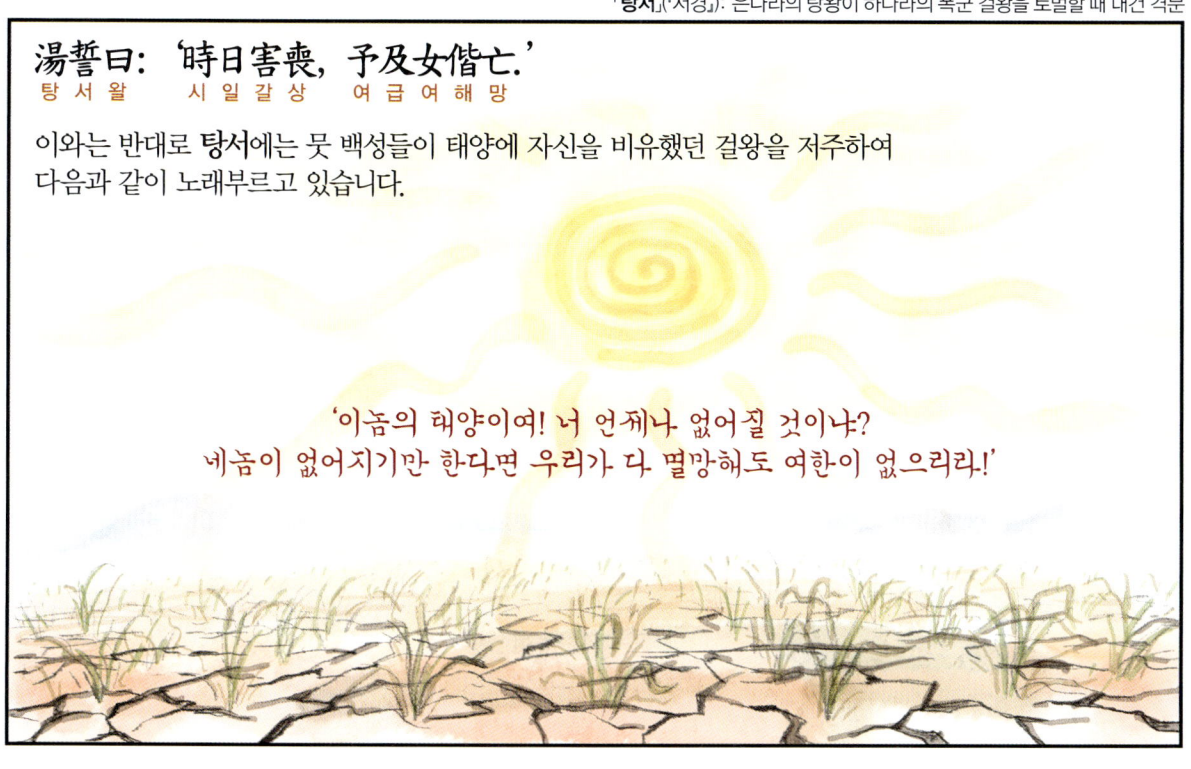

백성들이 군주와 더불어 같이 멸망하기를 바란다면

영대와 연못과 새와 동물이 있다한들, 이것들도 다 곧 멸망할 텐데

어찌 군주 혼자서 편안하게 이 모든 것을 즐길 수 있단 말입니까?

양혜왕—상

梁惠王曰: "寡人之於國也, 盡心焉耳矣.
양혜왕왈   과인지어국야   진심언이의

河內凶, 則移其民於河東, 移其粟於河內. 河東凶亦然. 察隣國之政,
하내흉   즉이기민어하동   이기속어하내   하동흉역연   찰린국지정
無如寡人之用心者. 隣國之民不加少, 寡人之民不加多, 何也?"
무여과인지용심자   인국지민불가소   과인지민불가다   하야

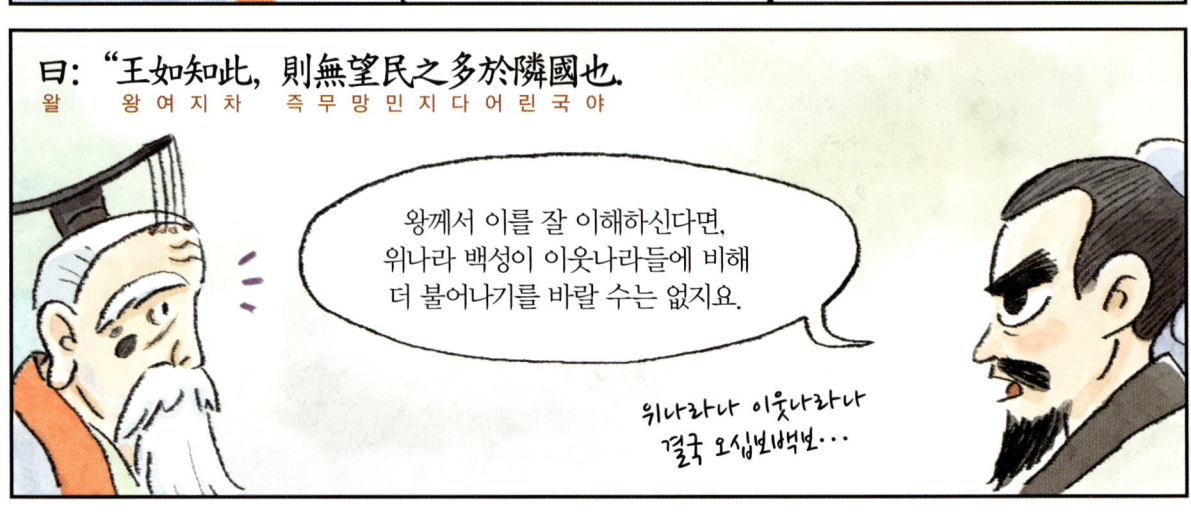

不違農時, 穀不可勝食也; 數罟不入洿池, 魚鼈不可勝食也; 斧斤以時入山林,
불위농시 곡불가승식야 촉고불입오지 어별불가승식야 부근이시입산림

材木不可勝用也.
재목불가승용야

농사철에 때를 어기지 않으면 곡물은 다 먹을 수 없을 정도로 많이 수확됩니다.

웅덩이나 연못에 촘촘한 어망을 넣지 못하게 하면, 물고기나 자라는 다 먹을 수 없을 정도로 많아지고

숲의 나무도 제한된 시기에만 베도록 허용하면 재목은 다 쓸 수 없을 정도로 넉넉해집니다.

穀與魚鼈不可勝食, 材木不可勝用, 是使民養生喪死無憾也.
곡 여 어 별 불 가 승 식　재 목 불 가 승 용　시 사 민 양 생 상 사 무 감 야

곡식과 물고기와 자라가 다 먹을 수 없을 정도로 많고
재목이 충분하다면, 백성이 산 사람을 돌보고
죽은 사람을 장사 지내는 데 있어 불만이 없게 되지요.

養生喪死無憾, 王道之始也.
양 생 상 사 무 감　왕 도 지 시 야

백성이 산자를 봉양하고 죽은자를 장사지내는 데 유감이 없는 것,
바로 이것이 **왕도**의 시작입니다.

五畝之宅, 樹之以桑, 五十者可以衣帛矣. 鷄豚狗彘之畜, 無失其時,
오 묘 지 택　수 지 이 상　오 십 자 가 이 의 백 의　계 돈 구 체 지 휵　무 실 기 시

七十者可以食肉矣.
칠 십 자 가 이 식 육 의

농부가 집 주변 5묘의 땅에 뽕나무를 심으면
나이 50이 넘은 자가 가볍고 따스한 비단옷을 입을 수 있고,
닭과 돼지와 개를 길러서 번식의 때를 놓치지 않으면
70세의 노인이 고기를 먹을 수 있습니다.

5묘: 약 930평

한 가족이 부역에 끌려 나가지 않고
100묘의 밭에 농사 짓는다면 단란한 한 식구가
굶는 일이란 있을 수 없습니다.

百畝之田, 勿奪其時, 數口之家可以無飢矣.
백 묘 지 전　물 탈 기 시　수 구 지 가 가 이 무 기 의

謹庠序之敎, 申之以孝悌之義,
근 상 서 지 교   신 지 이 효 제 지 의

그리고 상과 서와 같은 지방 서민학교를 통해 부모님께 효도하고 형제간에 우애 있게 사는 의로움을 가르치면

머리가 반쯤 흰 노인이 무거운 짐을 등에 지거나 머리에 이고 길거리를 다니는 일은 있을 수가 없게 되지요.

頒白者不負戴於道路矣.
반 백 자 불 부 대 어 도 로 의

七十者衣帛食肉, 黎民不飢不寒, 然而不王者, 未之有也.
칠 십 자 의 백 식 육   여 민 불 기 불 한   연 이 불 왕 자   미 지 유 야

70세의 노인이 따스한 비단옷을 입고 고기를 먹으며 일반 백성들이 굶을 걱정, 추위 걱정을 하지 않는데도 천하에 왕노릇하지 않은 사람은 있어본 적이 없습니다.

梁惠王曰: "寡人願安承敎."
양혜왕왈   과인원안승교

孟子對曰: "殺人以挺與刃, 有以異乎?"
맹자대왈   살인이정여인   유이이호

曰: "無以異也."
왈   무이이야

"以刃與政, 有以異乎?"
이인여정   유이이호

曰: "無以異也."
왈   무이이야

曰: "庖有肥肉, 廄有肥馬, 民有飢色, 野有餓莩, 此率獸而食人也.
왈　포유비육　구유비마　민유기색　야유아표　차솔수이식인야

왕의 푸줏간에는 기름진 고기가 있고 마구간에는 살찐 말이 있는데도
백성들의 얼굴에는 굶주린 기색이 뚜렷하고
들판에는 굶어 죽은 사람의 시체가 뒹굴고 있다면,
이는 짐승을 거느리고 나아가 사람을 잡아먹게 한 것과 같습니다.

獸相食, 且人惡之. 爲民父母, 行政, 不免於率獸而食人,
수상식　차인오지　위민부모　행정　불면어솔수이식인

惡在其爲民父母也?
오재기위민부모야

짐승이 서로를 잡아먹는 것만 보아도 사람은 끔찍하게 생각하거늘,
백성의 부모로서 정치를 행하면서 짐승으로 하여금 사람을 잡아먹게 하는
나쁜 정치를 한다면, 어찌 백성의 부모라 말할 수 있겠나이까?

양혜왕-상

仲尼曰: '始作俑者, 其無後乎!' 공자께서도 순장에 관하여 이렇게 말씀하신 적이 있지요.
중니왈 　　시작용자　기무후호

'맨 처음에 나무 용을 만든 자는 반드시
자손의 씨가 말라버리는 저주를 받을 것이로다!'

용: 무덤에 넣는 인형

爲其象人而用之也.
위 기 상 인 이 용 지 야

사람 비슷하게 생긴 것을
장례에 쓴 것만으로도
이런 저주를 받았는데…

如之何其使斯民飢而死也!"
여 지 하 기 사 사 민 기 이 사 야

다수의 백성을 굶어 죽게
만든다는 것이 도무지
있을 수 있는 일입니까?

梁惠王曰: "晉國, 天下莫强焉, 叟之所知也.
양 혜 왕 왈   진 국   천 하 막 강 언   수 지 소 지 야

진晉: 한, 위, 조로 나뉘기 이전의 나라 이름

나의 진나라처럼 천하에 강한 나라가 없었다는 것은 노선생께서도 잘 아시는 바입니다.

及寡人之身, 東敗於齊, 長子死焉;
급 과 인 지 신   동 패 어 제   장 자 사 언

그런데 불행하게도 과인의 시대에 이르러 동쪽으로는 제나라에 패하여 장남이 죽었고

서쪽으로는 진나라에게 700리의 땅을 잃었고, 남쪽으로는 초나라에게 굴욕을 당했지요.

西喪地於秦七百里; 南辱於楚.
서 상 지 어 진 칠 백 리   남 욕 어 초

양혜왕 상 - 6

孟子見梁襄王. 出, 語人曰: "望之不似人君, 就之而不見所畏焉.
맹자견양양왕 출 어인왈 망지불사인군 취지이불견소외언

맹자께서 얼마 전에 돌아가신 양혜왕의 아들 양양왕을 만나셨다. 그리고 조정을 나와 주변의 사람들에게 말씀하셨다.

卒然問曰:
졸연문왈

멀리서 봐도 임금 같다는 느낌이 전혀 들지 않더니, 가까이서 얘기해봐도 공경할 만한 부분을 보지 못했다.

게다가 느닷없이 이렇게 묻더군.

'天下惡乎定?'
천하오호정

吾對曰: '定于一.'
오대왈 정우일

양양왕

천하가 지금 어지러운데 도대체 어떻게 정리될까요?

반드시 하나로 정리될 것입니다.

'孰能一之?'
숙능일지

對曰: '不嗜殺人者能一之.'
대왈 불기살인자능일지

누가 천하를 하나로 만들까요?

사람 죽이기를 좋아하지 않는 인물이 천하를 하나로 만들 수 있습니다.

'孰能與之?'
숙 능 여 지

누가 그런 인물과 더불어 할 수 있을까요?

對曰: '天下莫不與也. 王知夫苗乎? 七八月之間旱, 則苗槁矣.
대왈   천하막불여야   왕지부묘호   칠팔월지간한   즉묘고의

천하사람 모두가 그와 더불어 하지 않을 사람이 없을 것입니다.

왕께서는 모종한 벼의 새싹을 잘 아시지요?

7·8월에 가뭄이 들면 싹들이 펴나지 못하고 비실비실 말라버립니다.

天油然作雲, 沛然下雨, 則苗浡然興之矣. 其如是, 孰能禦之?
천유연작운   패연하우   즉묘발연흥지의   기여시   숙능어지

그런데 어느 날 갑자기 짙은 뭉게구름이 몰려와 **세차게** 굵은 장대비가 쏟아지면

이 말라버린 벼싹들이 **버쩍버쩍** 기운을 차리고 솟아오릅니다.

과연 누가 이 솟아오르는 생명의 기운을 막을 수 있겠습니까?

今夫天下之人牧, 未有不嗜殺人者也. 如有不嗜殺人者, 則天下之民皆引領而望之矣.
금부천하지인목　미유불기살인자야　여유불기살인자　즉천하지민개인령이망지의

지금 천하의 목자 노릇하는 임금 가운데 사람 죽이기를 좋아하지 않는 자가 없습니다.

만약 진실로 사람 죽이기를 좋아하지 않는 임금이 있다면,

천하의 백성들이 모두 목을 빼고 그를 바라보려고 할 것입니다.

誠如是也, 民歸之, 由水之就下沛然, 孰能禦之?"
성여시야　민귀지　유수지취하패연　숙능어지

진실로 이와 같다면 천하의 백성이 그 임금 아래로 몰려드는 모습이

마치 거대한 폭포가 아래로 쏟아지는 것과도 같이 세찰 터인데,

과연 누가 이것을 막을 수 있겠습니까?

양혜왕 상 - 7

齊宣王問曰: "齊桓、晉文之事, 可得聞乎?"
제선왕문왈 제환 진문지사 가득문호

맹자는 위나라를 떠나 제나라로 갔다.

제나라

제환공

진문공

제선왕: 춘추시대의 패자 제환공과 진문공의 업적에 관하여 잘 아시겠군요. 좀 들을 수 있을까요?

공자의 가르침을 배우는 제자 중에는 환공과 문공의 일을 말하는 사람이 없습니다.

이 때문에 후세에 전해진 것이 없어, 저도 그에 대해서는 들은 적이 없습니다만,

기어이 말하라고 하신다면, 왕도에 대해 말씀드려도 되겠습니까?

孟子對曰: "仲尼之徒, 無道桓文之事者,
맹자대왈 중니지도 무도환문지사자
是以後世無傳焉, 臣未之聞也. 無以, 則王乎?"
시이후세무전언 신미지문야 무이 즉왕호

王坐於堂上, 有牽牛而過堂下者,
왕 좌 어 당 상　유 견 우 이 과 당 하 자

왕께서 대청마루에 앉아 계실 때,
소를 끌고 그 아래를 지나가는 사람이 있었다고 합니다.

王見之曰: '牛何之?' 對曰: '將以釁鐘.'
왕 견 지 왈　　우 하 지　　대 왈　　장 이 흔 종

소를 어디로 끌고 가는고?

흔종하는 데 쓰려고 합니다.

흔종: 국가의 중요한 물건이 만들어졌을 때 틈새에 희생의 피를 바르는 의식

王曰: '舍之! 吾不忍其觳觫若無罪而就死地.'
왕 왈　　사 지　오 불 인 기 곡 속 약 무 죄 이 취 사 지

놓아주어라!
나는 저 녀석이 두려워
벌벌 떨면서 아무 죄도 없이
죽을 곳으로 끌려가는 것을
차마 볼 수가 없도다.

對曰:'然則廢釁鐘與?' 曰:'何可廢也? 以羊易之!' 不識有諸?"
대왈   연즉폐흔종여   왈   하가폐야   이양역지   불식유저

曰: "有之."
왈   유지

曰: "是心足以王矣. 百姓皆以王爲愛也, 臣固知王之不忍也."
왈   시심족이왕의   백성개이왕위애야   신고지왕지불인야

'吾力足以擧百鈞, 而不足以擧一羽;
오 력 족 이 거 백 균   이 부 족 이 거 일 우

明足以察秋毫之末, 而不見輿薪,'
명 족 이 찰 추 호 지 말   이 불 견 여 신

왕께 이렇게 아뢰는 자가 있다고 합시다.

제 힘은 족히 삼천 근을 들 수 있습니다만 지금은 깃털 하나도 들 수가 없습니다요.

1균=30근

제 시력은 **아주 미세한 털** 끝도 구별할 수 있습니다만 지금은 한 수레의 장작더미도 볼 수가 없답니다.

則王許之乎?"
즉 왕 허 지 호

왕께서는 이 말을 듣고 그것을 인정하시겠습니까?

曰: "否."
왈 부

어떻게 그런 모순되는 거짓말 같은 이야기를 인정할 수 있단 말입니까!

역시 그렇죠?

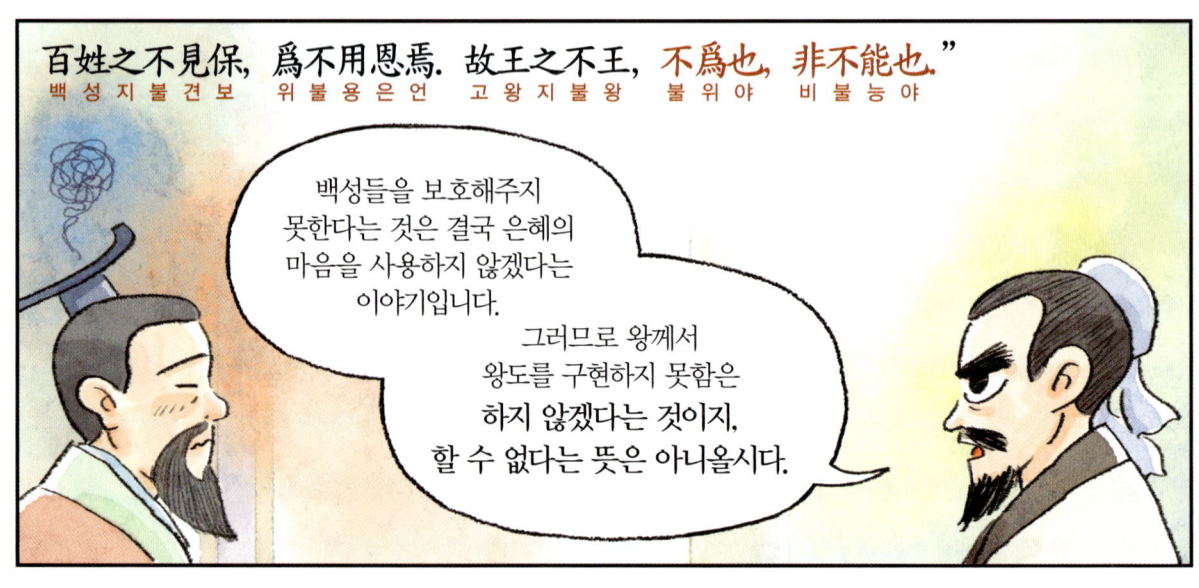

曰: "不爲者與不能者之形, 何以異?"
왈 불위자여불능자지형 하이이

하지 않는 것과 할 수 없는 것의 구체적 모양새는 어떻게 다릅니까?

曰: "挾太山以超北海, 語人曰, '我不能.' 是誠不能也.
왈 협태산이초북해 어인왈 아불능 시성불능야

'태산을 겨드랑이에 끼고 북해를 냉큼 뛰어 건너라!'는 말에 어떤 사람이 '난 그런 짓은 못하겠소'라고 말한다면, 이것은 진짜로 못하는 겁니다.

爲長者折枝, 語人曰, '我不能.' 是不爲也, 非不能也.
위장자절지 어인왈 아불능 시불위야 비불능야

그런데 '어른을 위하여 나뭇가지를 하나 꺾어라!*'는 말에 어떤 사람이 '난 그런 짓은 못하겠소'라고 말한다면, 이것은 그냥 안 하는 것이지 못하는 게 아닙니다.

어른에게 어깨 안마 좀 해드려라!

절지: 맹자가 출생한 지역에서는 관절을 꺾어 시원하게 해준다는 뜻으로 쓰였다고 함

양혜왕-상

曰: "然則王之所大欲, 可知已. 欲辟土地, 朝秦楚, 莅中國而撫四夷也.
왈   연즉왕지소대욕   가지이 욕벽토지 조진초 이중국이무사이야

그렇다면 왕께서 크게 바라시는 것을 제가 알 만합니다.

토지를 개간하여 영토를 확장하고, 진나라·초나라와 같은 대국으로부터 조공을 받고,

천하의 중심이 되어 사방의 오랑캐를 어루만져주고 싶다, 이 말씀이겠군요.

以若所爲求若所欲, 猶緣木而求魚也." 王曰: "若是其甚與?"
이약소위구약소욕   유연목이구어야   왕왈   약시기심여

이런 행위로써 그런 욕망을 구하신다면

그것은 나무에 기어 올라가 물고기를 구하는 것과 별반 다를 게 없습니다.

내가 바라는 것이 그토록 형편없단 말이요?

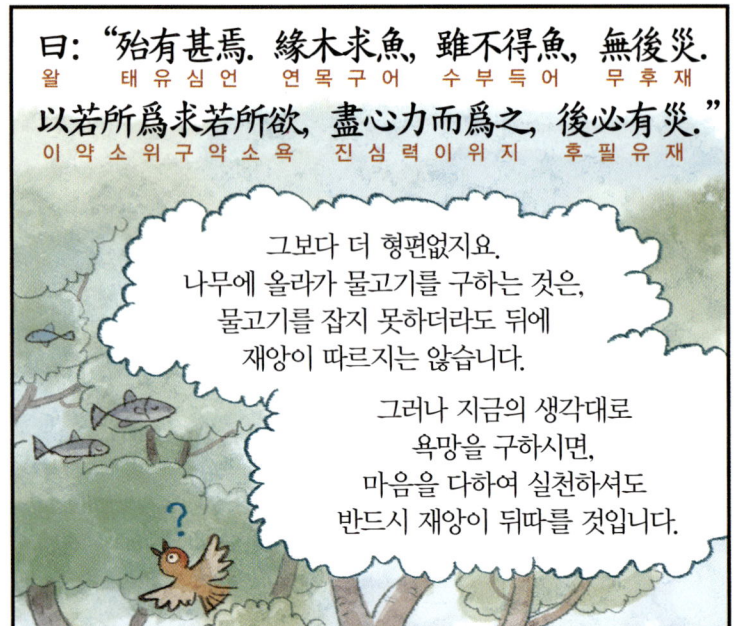

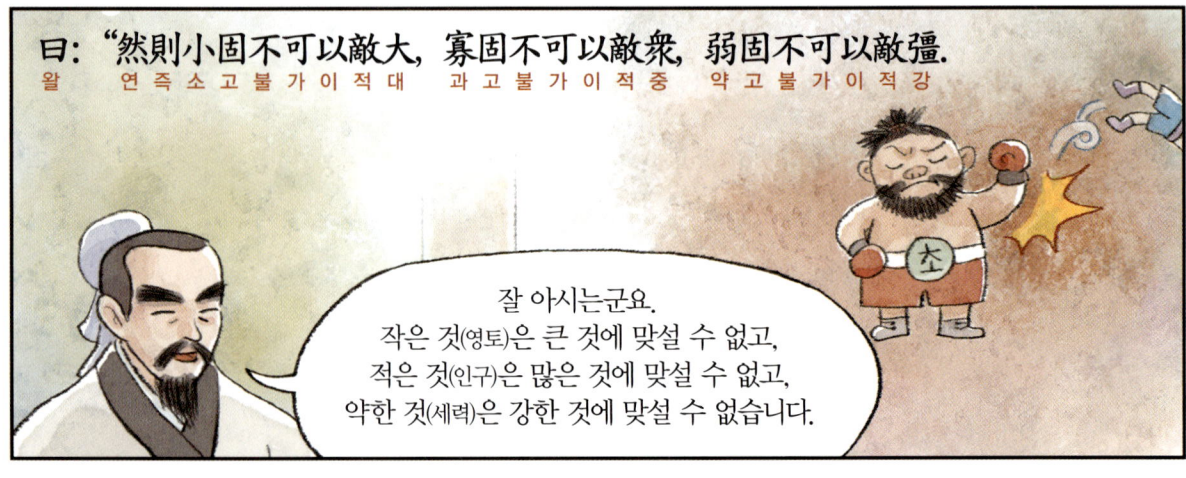

海內之地方千里者九, 齊集有其一. 以一服八, 何以異於鄒敵楚哉?
해 내 지 지 방 천 리 자 구　제 집 유 기 일　이 일 복 팔　하 이 이 어 추 적 초 재

천하구주라는 말대로 천하에 사방천리의 나라가 아홉 개 있다고
한다면, 제나라는 그 하나밖에는 차지하지 못합니다.

천하 구주
天下九州

그 하나를 가지고 여덟을 거느리려 하는 것이니,
이것이 추나라가 초나라에 맞서는 것과 무엇이 다르겠습니까?

今王發政施仁, 使天下仕者皆欲立於王之朝,
금 왕 발 정 시 인　사 천 하 사 자 개 욕 립 어 왕 지 조

지금 왕께서 정치를 개혁하여 인한 덕을 베푸신다면,
천하의 벼슬하려는 자들은 모두 왕의 조정에 서고 싶어할 것이고,

농사를 짓는 사람들은 모두 왕의 영토 안에서 밭갈고 싶어할 것이며,
상인들은 모두 제나라의 시장에 물건을 쌓아두고 싶어할 것입니다.

耕者皆欲耕於王之野, 商賈皆欲藏於王之市,
경 자 개 욕 경 어 왕 지 야　상 고 개 욕 장 어 왕 지 시

若民, 則無恒産, 因無恒心. 苟無恒心, 放辟邪侈, 無不爲已.
약민 즉무항산 인무항심 구무항심 방벽사치 무불위이

일반 백성은 항산이 없으면 그로 인해 항심도 없어지고 맙니다.
항심이 없어지게 되면 방탕, 간사, 사악, 사치,
나쁜 짓은 무엇이든 하게 되지요.

及陷於罪, 然後從而刑之, 是罔民也.
급 함어 죄 연후종이형지   시망민야

이렇게 죄악의 구렁텅이에 빠지게 한 다음
속속 형벌을 주는 것은 법망으로 백성을
그물질하는 것과 다름없으니,

焉有仁人在位罔民而可爲也?
언유인인재위망민이가위야

어찌 인으로 다스리는 임금이 백성에게
그런 짓을 할 수 있단 말입니까?

양혜왕-상

是故明君制民之産, 必使仰足以事父母, 俯足以畜妻子,
시 고 명 군 제 민 지 산　　필 사 앙 족 이 사 부 모　　부 족 이 휵 처 자

그러므로 명예로운 군주는 백성의 생업을 안정시키되,
반드시 우러러 부모를 섬기는 데 부족함이 없도록 해주고,
굽어 처자를 먹여 살리는 데 부족함이 없도록 해줍니다.

樂歲終身飽, 凶年免於死亡.
낙 세 종 신 포　　흉 년 면 어 사 망

풍년이면 내내 배부르게 먹을 수 있게 하고,
흉년에도 굶어죽을 염려는 없게 해줍니다.

然後驅而之善, 故民之從之也輕.
연 후 구 이 지 선　　고 민 지 종 지 야 경

게다가 백성들을 격려하여 선으로 이끌어주면,
그들은 쉽게 왕도를 따르게 됩니다.

양혜왕과 상앙

중국의 역사가 신화와 전설의 시기를 거쳐

삼황
복희 신농 수인
오제
황제 전욱 제곡 요 순

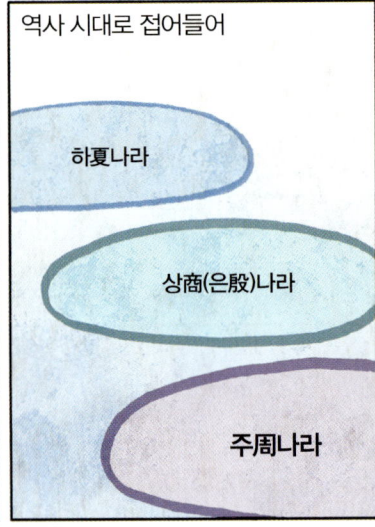

역사 시대로 접어들어

하夏나라

상商(은殷)나라

주周나라

주나라가 낙양으로 도읍을 옮긴 이후인 동주시대를

견융 침입

호경 → 낙양

서주 시대   동주 시대

춘추시대라 부르고

공자가 편찬한 노나라 역사서 『춘추』에서 전해진 이름

BC 770-403

춘추 春秋

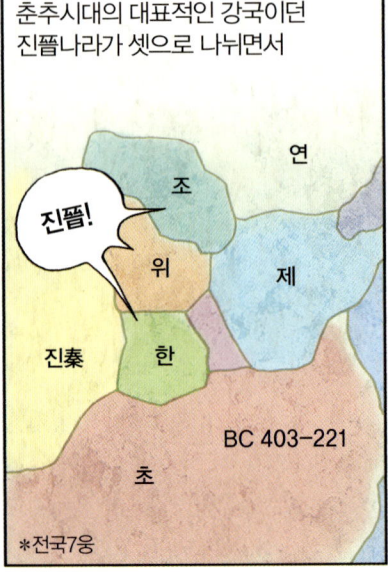

춘추시대의 대표적인 강국이던 진晉나라가 셋으로 나뉘면서

진晉!
조 연
위 제
진秦 한
초

BC 403-221

*전국7웅

전국시대가 시작되었다고 봅니다.

역시 유향이 정리한 『전국책』에서 이름이 유래되었죠.

전국 戰國

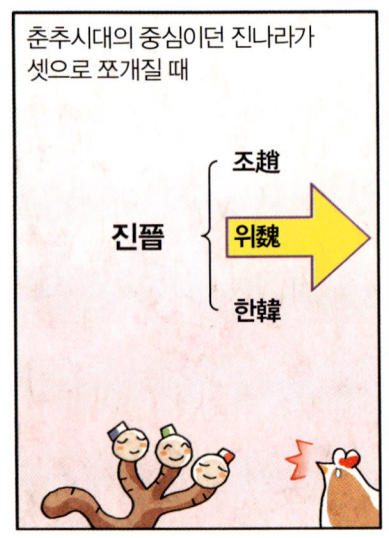

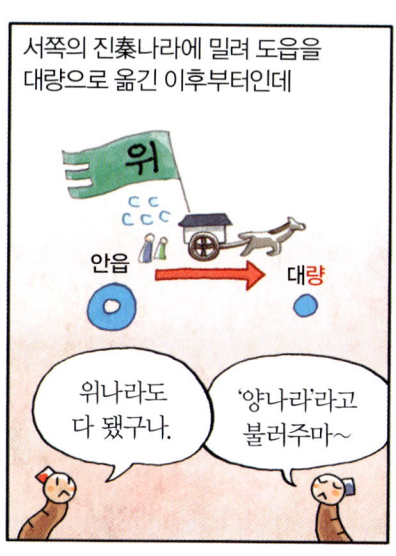

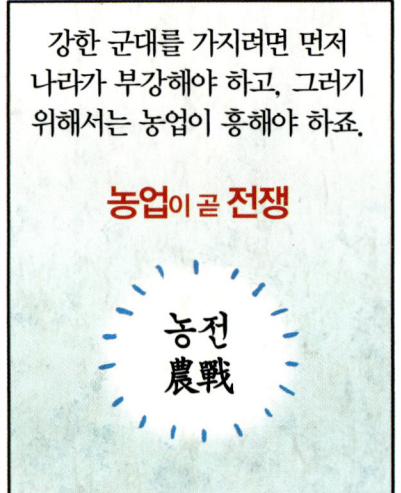

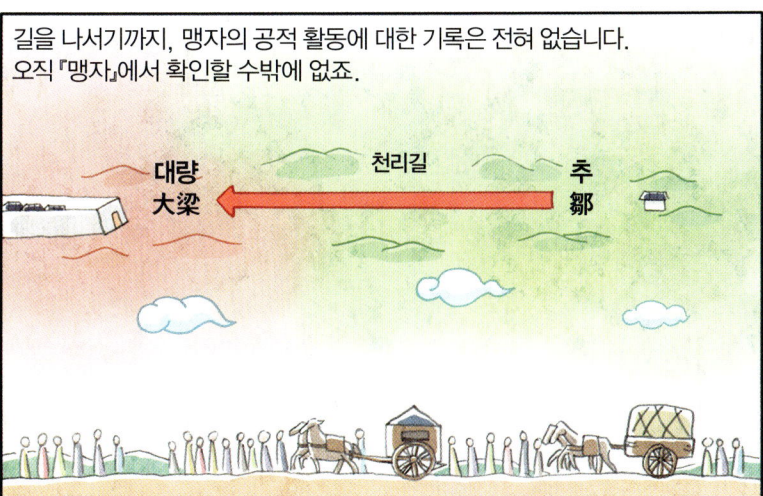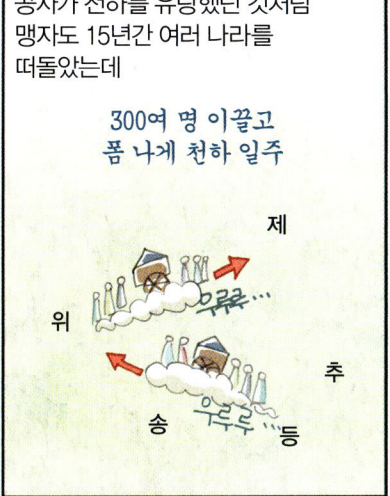

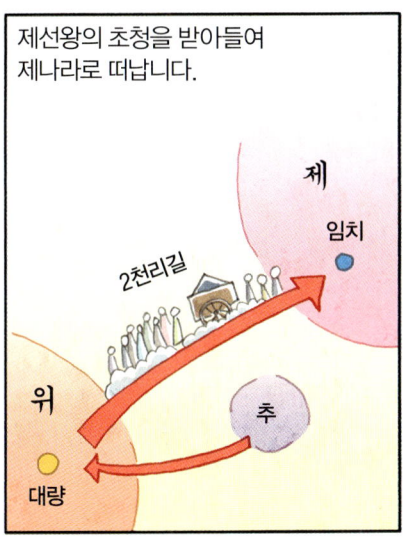

양혜왕 하 – 1

莊暴見孟子曰: "暴見於王, 王語暴以好樂, 暴未有以對也."
장포견맹자왈   포견어왕 왕어포이호악 포미유이대야

제선왕의 신하 장포가 맹자를 뵙고 말하였다.

최근 저 장포는 왕을 뵌 적이 있습니다.

그때 왕께서 제게 음악을 매우 좋아한다고 말씀하셨습니다만, 저는 대답하지 못했습니다.

장포

曰: "好樂何如?"
왈   호악하여

음악을 좋아한다는 게 정말 어떤 걸까요?

좋은 겁니까, 나쁜 겁니까?

양혜왕 하 - 2

齊宣王問曰: "文王之囿, 方七十里, 有諸?" 孟子對曰: "於傳有之."
제선왕문왈   문왕지유 방칠십리 유저   맹자대왈   어전유지

> 문왕의 동산이 사방 70리나 되었다고 하는데, 정말입니까?

> 그런 기록이 있습니다.

曰: "若是其大乎?"
왈   약시기대호

> 아하~ 그토록 크단 말이요?

曰: "民猶以爲小也."
왈   민유이위소야

> 당시 백성들은 그것도 작다고 생각했죠.

曰: "文王之囿, 方七十里,
왈   문왕지유   방칠십리

문왕의 동산은 사방 70리였지만…

曰: "寡人之囿, 方四十里, 民猶以爲大, 何也?"
왈   과인지유   방사십리   민유이위대   하야

과인의 동산은 사방 40리인데도
백성들이 오히려 크다고 생각하니, 어째서일까요?

芻蕘者往焉, 雉兔者往焉, 與民同之.
추요자왕언   치토자왕언   여민동지

꼴을 베거나 나무하는 사람들이 들어가고,
꿩이나 토끼를 잡는 사람들도 자유롭게 들락거렸으니,
문왕께서는 그 동산을 백성들과 같이 소유하신 것이죠.

民以爲小, 不亦宜乎?
민이위소   불역의호

그러니 백성들이 작다고 여긴 것은 너무도 당연한 일이 아니겠습니까?

臣始至於境, 問國之大禁, 然後敢入.
신시지어경   문국지대금   연후감입

제가 처음 제나라 국경을 통과할 때, 이 나라에서 법으로 크게 금지하는 것이 무엇인지 알아본 후 감히 국경을 넘었습니다.

齊宣王見孟子於雪宮. 王曰: "賢者亦有此樂乎?" 孟子對曰: "有.
제선왕견맹자어설궁 왕왈   현자역유차락호   맹자대왈   유

제선왕이 별장인 설궁에서 맹자를 만났다.

옛 현자들도 이런 즐거움이 있었을까요?

있구말구요.

人不得, 則非其上矣.
인부득 즉비기상의

백성들이 이런 즐거움에 참가할 수 없어 그 윗사람을 비난하는 일도 있겠지요.

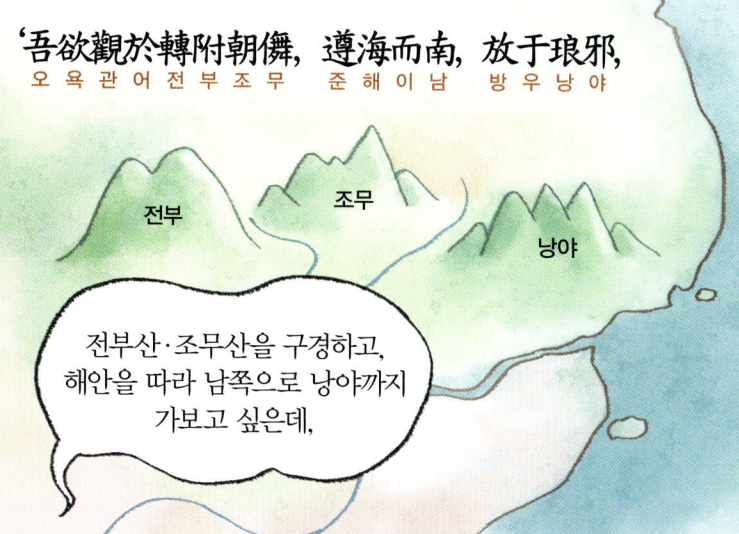

*진흥왕순수비

夏諺曰: '吾王不遊, 吾何以休? 吾王不豫, 吾何以助? 一遊一豫, 爲諸侯度.'
하언왈   오왕불유   오하이휴   오왕불예   오하이조   일유일예   위제후도

하나라에 이런 속담이 있었다고 합니다.

우리 임금님이 여행오시지 않으면 우리들은 쉴 수가 없네!

임금님이 여행오시지 않으면 우리는 어디서 도움을 받나?

한 번 여행오시고 한 번 놀러 오시는 것이 모든 제후들의 법도가 된다네!

今也不然:
금야불연

그러나 지금은 다릅니다!

師行而糧食, 飢者弗食, 勞者弗息.
사행이양식 기자불식 노자불식

임금의 행렬이 엄청난 식량을 거둬들이면,
백성들은 굶주리고 쉴 수가 없습니다.

睊睊胥讒, 民乃作慝.
견견서참 민내작특

백성들끼리 서로 눈을 흘기고 원망하면서
나쁜 짓은 다 하게 되고

方命虐民, 飮食若流.
방명학민 음식약류

임금은 하늘의 뜻을 어기고 제 백성을 학대하며
먹고 마시는 것을 물 흐르듯 낭비합니다.

流連荒亡, 爲諸侯憂.
류련황망 위제후우

이토록 **류련황망**한 짓을 일삼으니, 제나라에 소속된 소제후들의 근심이 커지는 것입니다.

從流下而忘反謂之流, 從流上而忘反謂之連,
종류하이망반위지류 종류상이망반위지련

배 띄우고 놀면서 물길 따라 내려갈 뿐
다시 돌아올 줄 모르는 것을 **류**라 하고,

물길을 거슬러 올라갈 뿐
다시 돌아올 줄 모르는 것을 **련**이라 하죠.

從獸無厭謂之**荒**, 樂酒無厭謂之**亡**.
종 수 무 염 위 지 황   낙 주 무 염 위 지 망

짐승 쫓는 데 열중하여 만족을
모르는 것을 **황**이라 하고,

술을 즐기되 끊임없이
마시는 것을 **망**이라 합니다.

先王無**流連**之樂, **荒亡**之行.
선 왕 무 류 련 지 락   황 망 지 행

옛 선왕들은
이러한 **류련**의
즐거움이나

황망의 행동이
없으셨습니다.

惟君所行也.'
유 군 소 행 야

그러니 어떤 행동을
선택하실지는 오직
임금께 달렸습니다.

景公說, 大戒於國, 出舍於郊.
경 공 열   대 계 어 국   출 사 어 교

경공께서는
이런 비판을 듣고도
크게 기뻐하시며

나라 전체에
포고령을 내리고
교외에 머물렀습니다.

於是始興發補不足.
어 시 시 흥 발 보 부 족

이에 처음으로 국정을 일으키고
창고를 열어 백성의 부족한 것을
채워주셨지요.

齊宣王問曰: "人皆謂我毀明堂, 毀諸? 已乎?"
제선왕문왈 인개위아훼명당 훼저 이호

명당: 천자가 순수할 때 사용한 건물

孟子對曰: "夫明堂者, 王者之堂也. 王欲行王政, 則勿毀之矣."
맹자대왈 부명당자 왕자지당야 왕욕행왕정 즉물훼지의

王曰: "王政可得聞與?"
왕왈 왕정가득문여

그 왕도정치에 대해 좀 말해줄 수 있겠소?

對曰: "昔者文王之治岐也, 耕者九一,
대왈   석자문왕지치기야   경자구일

옛날에 문왕께서 기 땅을 다스리실 때,
농민은 수확의 9분의 1만 세금으로 내면 되었고

仕者世祿,
사자세록

관리에게는 대대로 녹봉을 주어 생활을
안정시켜 착취할 생각을 못하게 하였고

關市譏而不征,
관시기이부정

국경 관문이나 시장에서는 살피기만 하고
세금을 거두지 않아 자유무역을 장려했으며

澤梁無禁, 罪人不孥.
택량무금   죄인불노

저수지에서 고기 잡는 일을 금지하지 않았고,
죄인을 벌할 때도 그 처자식에게까지
죄를 묻지 않았습니다.

老而無妻曰鰥,
노이무처왈환

늙어서 부인이 없는 사람을 환이라 하고

老而無夫曰寡,
노이무부왈과

늙어서 남편이 없는 사람을 과라고 하고

老而無子曰獨,
노이무자왈독

늙어서 자식이 없는 사람을 독이라 하고

幼而無父曰孤.
유이무부왈고

부모 없는 어린아이를 고라고 하죠.

此四者, 天下之窮民而無告者.
차사자 천하지궁민이무고자

이 네 부류야말로 천하에 빈궁하고 기댈 곳 없는 불쌍한 사람들이기에

文王發政施仁, 必先斯四者.
문왕발정시인 필선사사자

문왕께서는 인정을 베푸실 때,

반드시 이들을 먼저 보살피는 복지정책을 펴셨습니다.

詩云: '哿矣富人, 哀此煢獨.'"
시운 가의부인 애차경독

『시』에 이런 노래가 있지요.

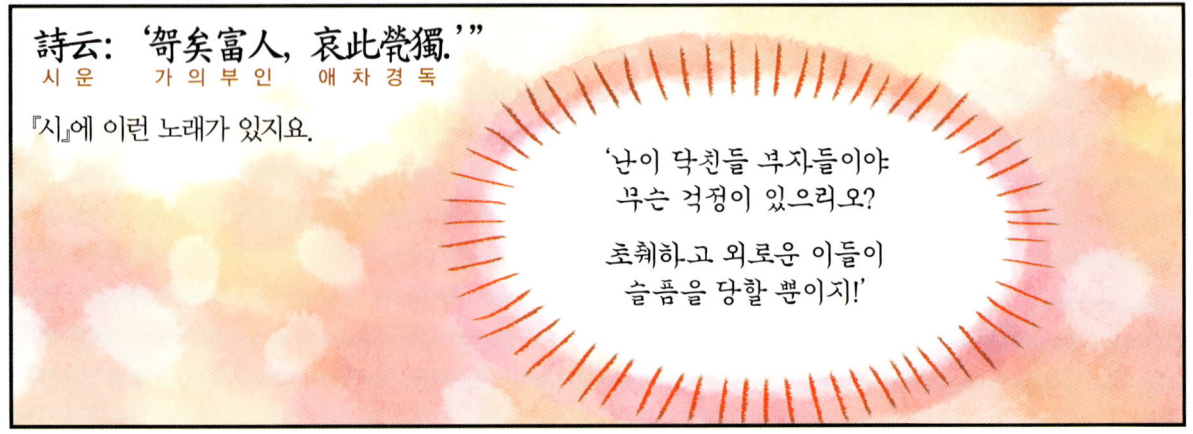

'난이 닥친들 부자들이야 무슨 걱정이 있으리오? 초췌하고 외로운 이들이 슬픔을 당할 뿐이지!'

對曰: "昔者公劉好貨, 詩云:
대왈　　　석자공류호화　　시운

옛날, 주나라에 공류라는 분이 계셨는데 재물을 몹시 좋아하셨지요.
(그분이 도읍을 옮길 적에…)

『시』에 이런 노래가 있지요.

노적가리가 산처럼 쌓였다.
창고 또한 곡물로 가득 찼다.
말린 음식을 푸대에 꽉꽉 담아
도읍을 옮길 준비를 한다.
백성을 편안케 하고
나라를 빛낼 그날을 꿈꾸며,
활과 살을 준비하고
방패·창·작은 도끼·큰 도끼를 갖춘 후에
비로소 안전하게 천도의 길을 떠났다.
— 대아「공류」

주나라 계보

후직
⋮
공류
↓
고공단보
↓
공계(계력)
↓
서백(문왕)
↓
무왕
(은나라정벌)

對曰: "昔者大王好色, 愛厥妃.
대왈　석자태왕호색　애궐비

옛날 태왕께서도 여색을 좋아하셔서
그 부인을 사랑하셨죠.

태왕
고공단보
(문왕의
친할아버지)

詩云: '古公亶甫, 來朝走馬, 率西水滸,
시운　고공단보　내조주마　솔서수호

『시』에, '고공단보께서는 말타고 도망가면서도
그 부인을 껴안고 달렸다.

至于岐下, 爰及姜女, 聿來胥宇.'
지우기하　원급강녀　율래서우

서쪽의 기산 아래에 이르러 부인과 함께 살 곳을
살피셨다'고 나옵니다.

當是時也, 內無怨女, 外無曠夫.
당시시야　내무원녀　외무광부

그랬기에 당시에는
혼기를 놓친 여자도 없었고,
색시를 못 얻은 남자도 없었습니다.

王如好色, 與百姓同之, 於王何有?"
왕여호색　여백성동지　어왕하유

왕께서 여색을 좋아하셔도
혼자서 처첩을 잔뜩 거느리는 데
그치지 않고

백성들과 같이 즐기신다면,
왕도정치에 무슨 어려움이
있겠나이까?

양혜왕 하 – 6

孟子謂齊宣王曰: "王之臣有託其妻子於其友而之楚遊者,
맹자위제선왕왈　　왕지신유탁기처자어기우이지초유자

比其反也, 則凍餒其妻子, 則如之何?"
비기반야　즉동뇌기처자　즉여지하

王曰: "棄之."
왕왈　기지

諸大夫皆曰可殺, 勿聽; 國人皆曰可殺, 然後察之;
제 대 부 개 왈 가 살 물 청 국 인 개 왈 가 살 연 후 찰 지

뭇 대부들이 모두 죽일 만하다고 말해도 아직 듣지 마십시오.
온 나라 사람들이 모두 죽일 만하다고 한 연후에나 고민하십시오.

見可殺焉, 然後殺之. 故曰, 國人殺之也.
견 가 살 언 연 후 살 지 고 왈 국 인 살 지 야

그리고 직접 만나 그가 과연 죽일 만한 죄를 저질렀는지 판단한 뒤에 죽이면,
역사에 그는 나라 사람들이 죽였다고 평가될 것입니다.

如此, 然後可以爲民父母."
여 차 연 후 가 이 위 민 부 모

이렇게 왕께서 백성의 뜻을 존중하신 뒤에야 비로소 백성의 참된 부모가 되는 것입니다.

양혜왕 하 - 8

齊宣王問日: "湯放桀, 武王伐紂, 有諸?" 孟子對日: "於傳有之."
제선왕문왈   탕방걸   무왕벌주   유저   맹자대왈   어전유지

齊人伐燕, 勝之. 宣王問曰: "或謂寡人勿取, 或謂寡人取之.
제인벌연　승지　선왕문왈　　혹위과인물취　혹위과인취지

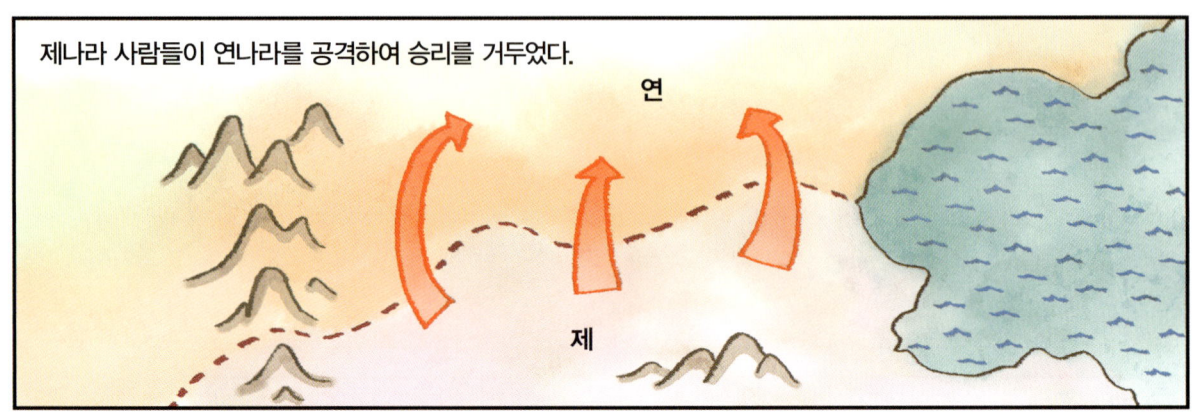

以萬乘之國伐萬乘之國, 五旬而舉之, 人力不至於此. 不取, 必有天殃. 取之,
이만승지국벌만승지국　오순이거지　인력부지어차　불취　필유천앙　취지
何如?"
하여

은나라를 정벌한 주나라 무왕

齊人伐燕, 取之. 諸侯將謀救燕. 宣王曰: "諸侯多謀伐寡人者, 何以待之?"
제인벌연 취지 제후장모구연 선왕왈 제후다모벌과인자 하이대지

제나라 사람들이 연나라를 쳐서 차지해버리고 말았다.
그러자 주변의 제후들이 연합을 도모하여 연나라를 구하려고 하였다.

제선왕

많은 제후들이 한데 모여 과인을 치려고 하는데, 어떻게 하면 좋겠소?

孟子對曰: "臣聞七十里爲政於天下者, 湯是也. 未聞以千里畏人者也.
맹자대왈 신문칠십리위정어천하자 탕시야 미문이천리외인자야

제가 듣기에, 불과 사방 70리의 땅을 가지고도 천하를 호령한 자가 있으니, 바로 탕왕이시죠.

그런데 사방 천 리의 땅을 가진 군주가 다른 나라를 무서워하여 벌벌 떨고 있다는 이야기는 들어본 적이 없나이다.

상(은)나라를 건국한
탕왕

書曰: '湯一征, 自葛始.' 天下信之.
서 왈　탕일정　자갈시　천하신지

『서』에 이르기를, '탕임금이 처음 갈 땅에서 정벌을 시작하자',
천하 사람들은 그것이 정의로운 싸움임을 믿어 의심치 않았죠.

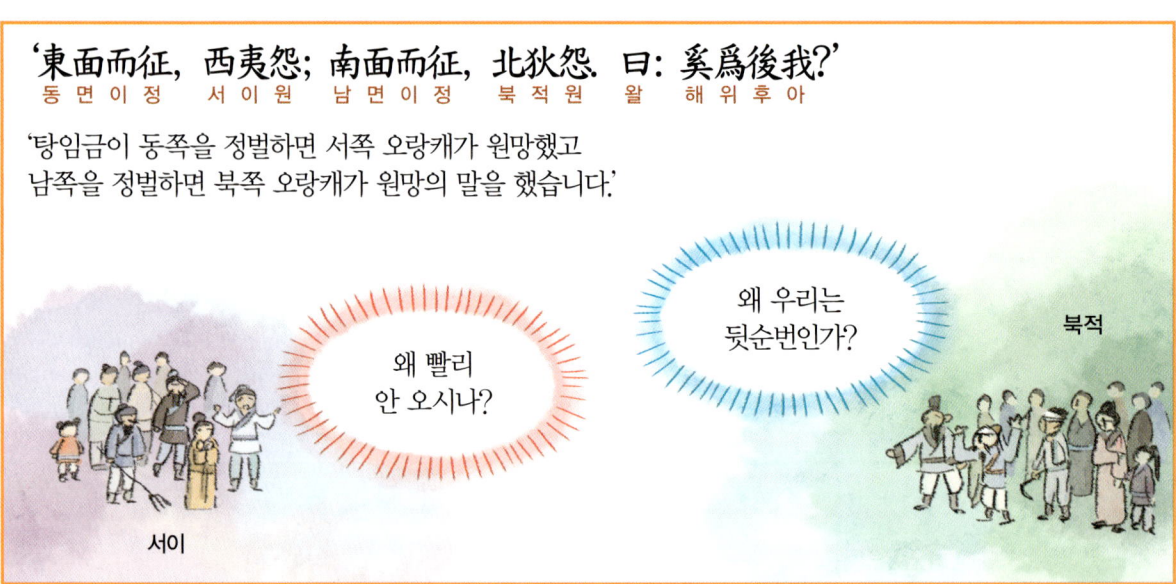

'東面而征, 西夷怨; 南面而征, 北狄怨. 曰: 奚爲後我?'
동면이정　서이원　남면이정　북적원　왈　해위후아

'탕임금이 동쪽을 정벌하면 서쪽 오랑캐가 원망했고
남쪽을 정벌하면 북쪽 오랑캐가 원망의 말을 했습니다.'

民望之, 若大旱之望雲霓也.
민망지　약대한지망운예야

백성들은 탕왕의 군대를 기다리기를,
마치 큰 가뭄이 들었을 때 먹구름을
초조하게 기다리듯이 했습니다.

歸市者不止, 耕者不變.
귀시자부지 경자불변

탕임금의 군대가 도착해서도 사람들은
여전히 시장엘 갔고 밭에서 쟁기질을 했으며

誅其君而弔其民, 若時雨降, 民大悅. 書曰: '徯我后, 后來其蘇.'
주기군이조기민 약시우강 민대열 서왈 혜아후 후래기소

드디어 그들의 포학한 군주를 죽이고 백성을 위로하니,
백성들은 기다리던 단비가 내린 것처럼 크게 기뻐했지요.
『서』에 이렇게 쓰여져 있습니다.

今燕虐其民, 王往而征之, 民以爲將拯己於水火之中也, 簞食壺漿, 以迎王師.
금연학기민 왕왕이정지 민이위장증기어수화지중야 단사호장 이영왕사

지금 연나라의 군주가 백성을 학대했기 때문에, 왕께서 공격하셨을 때
연나라 백성들은 물·불과도 같은 폭정으로부터 자기들을 구해준다고 생각했고,
그래서 소쿠리에 먹을 것을 담고 호로병에 마실 것을 담아
왕의 군대를 환영했던 것입니다.

若殺其父兄, 係累其子弟, 毀其宗廟, 遷其重器, 如之何其可也?
약살기부형　계루기자제　훼기종묘　천기중기　여지하기가야

그런데 제나라 군대가 연나라의 장로들을 죽이고, 젊은 청년들을 체포하고,
종묘를 파괴하고, 국가보물을 빼돌리다니, 도대체 이게 될 말입니까?

天下固畏齊之彊也. 今又倍地而不行仁政, 是動天下之兵也.
천하고외제지강야　금우배지이불행인정　시동천하지병야

이미 천하의 제후들은 강한 제나라의 강성함을 두려워해왔는데

이제 제나라가 영토를 두 배로 늘리고 인정을 행하지 않는다면

이것은 천하의 군대를 모조리 동원하여 제나라를 적대케 하는 꼴입니다.

王速出令, 反其旄倪, 止其重器, 謀於燕衆, 置君而後去之,
왕 속 출 령 반 기 모 예 지 기 중 기 모 어 연 중 치 군 이 후 거 지

왕께서는 속히 명령을 내리시어, 늙은이와 어린 포로를 먼저 돌려보내고

연나라의 중요한 보물들을 제자리에 갖다 놓으시고

연나라 사람들과 상담하여 새 군주를 뽑아 세우신 후 군대를 거두십시오.

則猶可及止也."
즉 유 가 급 지 야

그러면 천하의 군대가 동원되는 것을 막을 수 있을 것입니다.

오오~

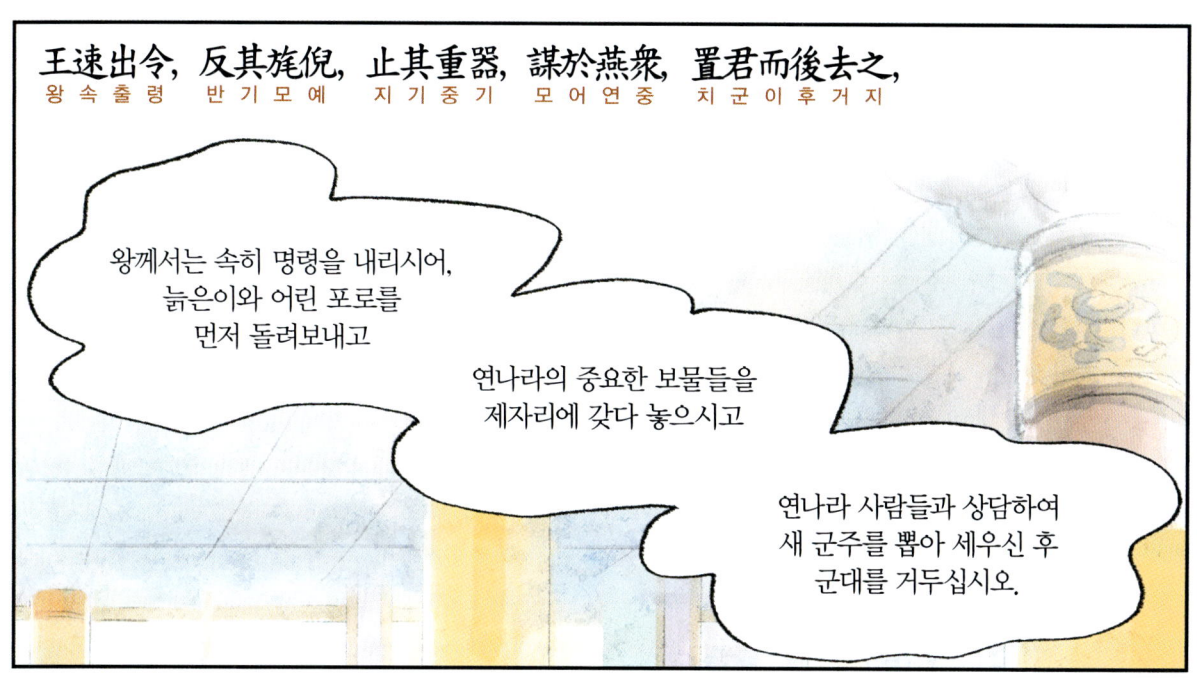

제위왕과 순우곤

앞서 말했듯이 전국시대는 진나라가 셋으로 나뉘고

그중 위나라가 패권을 차지한 사건과 함께,

조
위魏
한

위문후

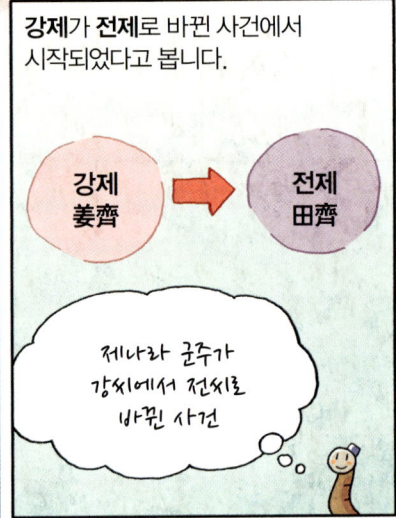
강제가 **전제**로 바뀐 사건에서 시작되었다고 봅니다.

강제 姜齊 → 전제 田齊

제나라 군주가 강씨에서 전씨로 바뀐 사건

그 유명한 강태공이 문왕과

문왕

그 아들 무왕을 도와 혁명을 완수한 공로로

무왕

주周

군주로 봉해진 나라가 바로 제나라였죠.

강태공

姜齊

강씨 제나라 시작~~

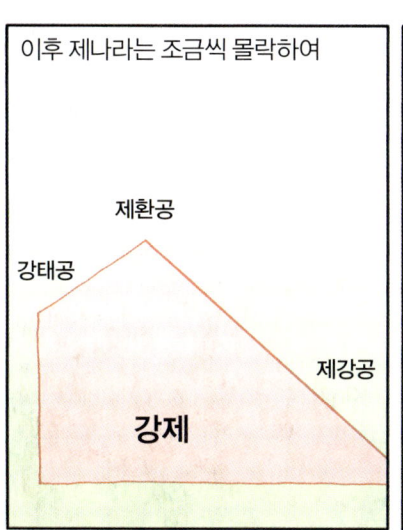

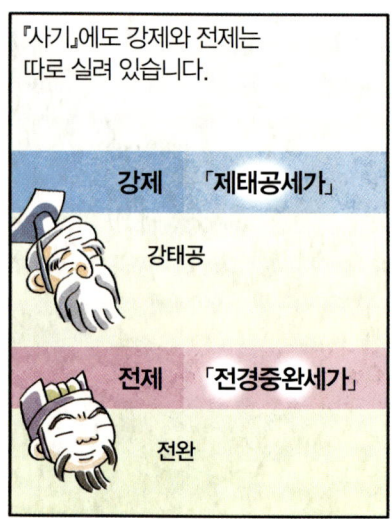

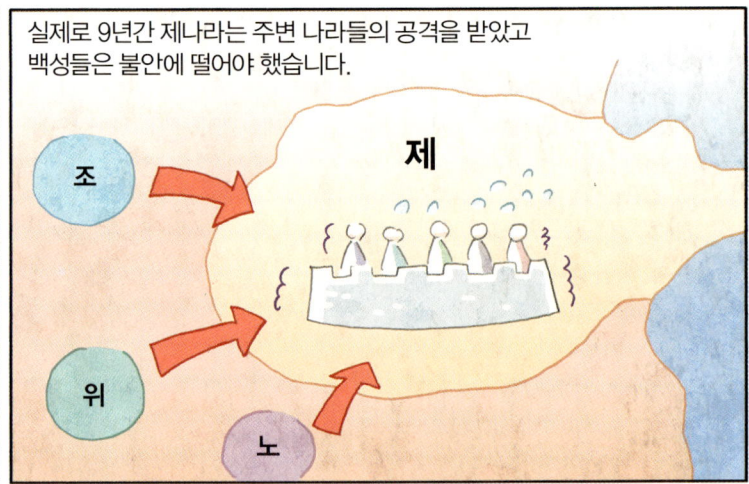

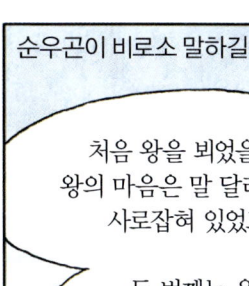
순우곤이 비로소 말하길

처음 왕을 뵈었을 때 왕의 마음은 말 달리는 데 사로잡혀 있었고

두 번째는 음악 소리에 사로잡혀 있었습니다.

그러니 제가 침묵할 수 밖에요?

이 말을 전해들은 양혜왕은 무릎을 치며

놀랍도다!

그러고 보니, 순우곤 선생이 오셨을 때 어떤 사람이 좋은 말을 바쳤었지.

과인이 그 말을 보기도 전에 선생이 도착했던 것이다.

그 다음에도 노래를 기막히게 잘하는 사람을 불렀는데 선생이 오셨기에

비록 선생 앞에 앉아 있었지만 내 마음은 딴 데 있었던 것이다.

독심술

세 번째 만남에서 말문이 터진 순우곤의 이야기는 3일 밤낮 계속됐고

양혜왕은 그를 재상으로 삼으려 했으나 사양하고 떠났습니다.

최고급 수레와 비단·황금·벽옥 선물

단 한 번도 벼슬한 적 없는 순우곤은 돈과 권력을 우습게 알고

일체의 권위주의가 없는 인물이었죠.

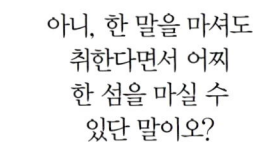

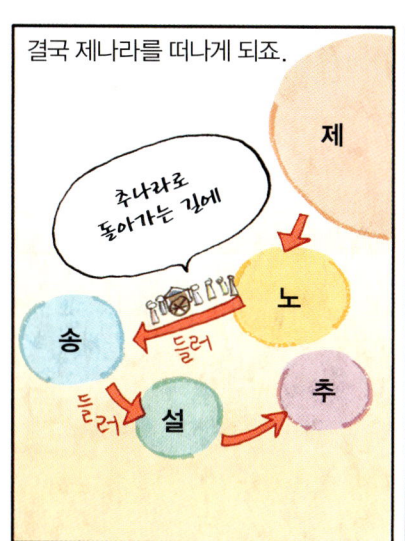

제나라 임치
직하학궁(稷下學宮) I

공손추 상
公孫丑 上

공손추 상 - 1

公孫丑問曰: "夫子當路於齊, 管仲、晏子之功, 可復許乎?"
공손추문왈   부자당로어제   관중   안자지공   가부허호

제자 **공손추**

선생님께서 만약 제나라 국정을 맡으신다면

관중과 안자의 공적을 다시 한 번 일으킬 수 있겠군요?

孟子曰: "子誠齊人也, 知管仲、晏子而已矣.
맹자왈   자성제인야   지관중   안자이이의

제나라의 유명한 재상들

관중   안자(안영)

너는 어쩔 수 없는 제나라 사람이구나.

겨우 안다는 게 관중과 안영뿐이냐?

은나라의 마지막 폭군인 주임금의 시대도 찬란했던 무정의 시대로부터 그리 멀지 않아, 유서 깊은 집안들과 훌륭한 풍속이 아직 남아있었지.

또, 은나라에는 여러 현자들이 있었기 때문에

미자 미중 비간 기자 교격

단지 사방 백리의 작은 땅을 기반으로 일어난 문왕의 입지는 곤란한 점이 한둘이 아니었다네.

齊人有言曰: '雖有智慧, 不如乘勢; 雖有鎡基, 不如待時.'
제 인 유 언 왈   수 유 지 혜   불 여 승 세   수 유 자 기   불 여 대 시

제나라 속담에
이런 말이 있듯이,

'지혜가 있을지라도
바른 때의 기세를 타느니만 못하고,
아무리 좋은 쟁기가 있어도
농사의 제철을 기다리느니만 못하다.'

공손추-상 125

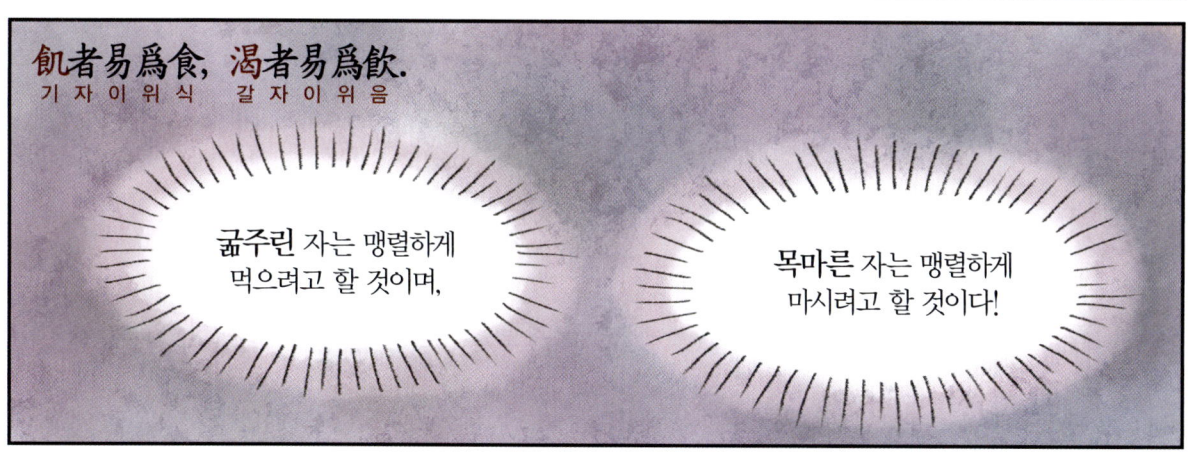

當今之時, 萬乘之國行仁政, 民之悅之, 猶解倒懸也.
당금지시 만승지국행인정 민지열지 유해도현야

바로 지금 만승지국인 제나라가 인정을 행한다면,
백성들은 천정에 거꾸로 매달려 있다가 풀려난 것처럼 기뻐할 것이다.

故事半古之人, 功必倍之, 惟此時爲然."
고사반고지인 공필배지 유차시위연

그러므로 내가 말하는 왕도의 혁명이란

옛 성인들의 **절반의 수고**만 들여도 반드시 그 **공**은 두 배가 넘을 것이다.

지금이야말로 바로 그때다!

公孫丑問曰: "夫子加齊之卿相, 得行道焉, 雖由此霸王, 不異矣.
공손추문왈   부자가제지경상   득행도언   수유차패왕   불이의

만약 선생님께서 제나라 경상의 자리에 올라 왕도 정치를 행하신다면

이로 인해 제나라 왕을 패자로 만들든 왕자로 만들든, 이상할 게 없을 것 같습니다.

如此, 則動心否乎?"
여차   즉동심부호

孟子曰: "否. 我四十不動心."
맹자왈   부   아사십부동심

그러한 지위에 있다 보면

마음이 흔들리는 일이 있지 않겠습니까?

그런 일은 절대 있을 수 없다.

나는 40세에 이미 **마음이 흔들리지 않는** 경지에 이르렀다.

우선 북궁유의 용기는 이렇다.

그는 칼에 찔려도 두려워하지 않았고, 눈을 찔려도 눈동자를 움직이지 않았다.

북궁유

털끝만한 작은 모욕도 시장 한복판에서 채찍질을 당한 것처럼 생각했으며,

자신을 모욕하면 미천한 자이건, 전차 만 대를 가진 군주이건 가리지 않고 용서치 않았지.

전차 만대를 가진 군주 죽이기를 미천한 사내를 칼로 찔러 죽이는 것과 똑같이 여겼고,

제후도 두려워하지 않으면서 누구든지 자신에게 험담을 하면 반드시 보복했다.

이것이 북궁유의 용기이다.

맹시사 스타일의 용기도 있는데, 그는 이렇게 말하곤 했지.

맹시사

도저히 이길 수 없는 적이라 할지라도 반드시 이길 수 있다는 신념을 가지고 돌진해야 한다.

전술에 능하다는 사람들이 보통 적의 형편을 계산해본 후에야 진격하고, 이길 수 있다는 판단이 든 후에야 전투에 임하지만

삼군三軍

삼군과 같은 대군을 만나면 반드시 공포에 떨면서 지고 만다.

其爲氣也, 至大至剛, 以直養而無害, 則塞于天地之間.
기위기야 지대지강 이직양이무해 즉색우천지지간

그것은 인간의 기운이 지극히 크고 지극히 강하여
곧게 길러지고 사악함에 해를 입지 않으면,
하늘과 땅 사이에 꽉 들어차는 것이다.

其爲氣也, 配義與道. 無是, 餒也.
기위기야 배의여도 무시 뇌야

그 기운은 항상 의와 도와 더불어 하는데,
인간에게 이것이 없으면 활력이 사라지고
시들어버리고 말지.

이 호연지기는 의로움에 의해 일상적으로
인간의 내면에 쌓이는 것이지, 갑자기 한 번
의로움을 행한다고 해서 얻어지는 것이 아니다.

是集義所生者, 非義襲而取之也.
시집의소생자 비의습이취지야

宋人有閔其苗之不長而揠之者,
송 인 유 민 기 묘 지 부 장 이 알 지 자

송나라에, 자기 밭에서 싹이 빨리 자라지 않는 것을 걱정한 나머지 싹을 일일이 뽑아 올린 사람이 있었다.

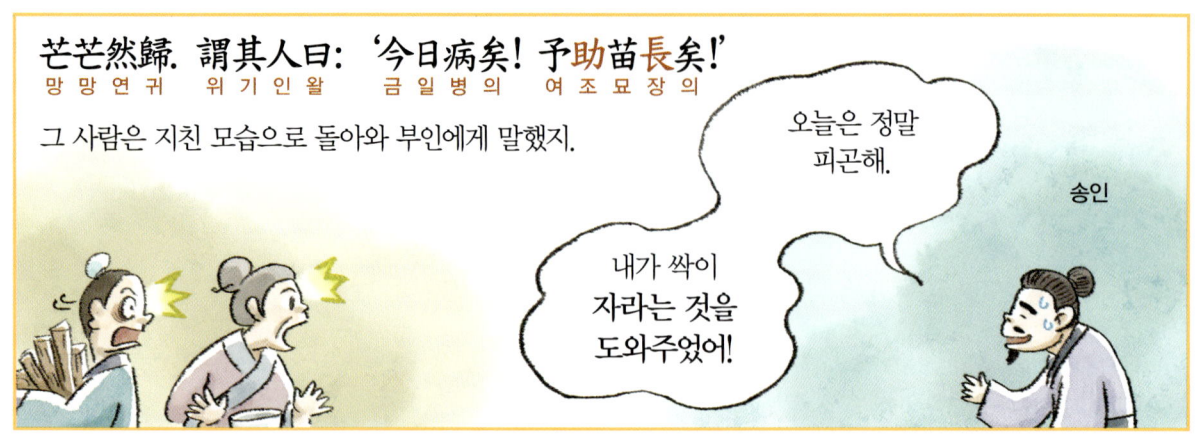

以力服人者, 非心服也, 力不贍也;
이력복인자 비심복야 역불섬야

힘으로써 사람을 굴복시키는 것은 마음으로부터 우러나오는 복종이 아니다.

그것은 단지 대항할 힘이 부족해서 할 수 없이 복종하는 것이다.

以德服人者, 中心悅而誠服也, 如七十子之服孔子也.
이덕복인자 중심열이성복야 여칠십자지복공자야

도덕의 힘으로 복종케 해야 마음속으로부터 기뻐하며 따르는 것이며, 70제자가 공자에게 복종한 것은 이런 도덕의 힘이다.

공자와 70제자들

詩云: '自西自東, 自南自北, 無思不服.' 此之謂也."
시운 자서자동 자남자북 무사불복 차지위야

이 노래는 바로 마음으로부터 기뻐하며 따르는 백성의 모습을 그린 것이다.

(무왕이 호경으로 도읍을 옮기고 학궁을 지어 예를 행하니)
'서쪽에서 동쪽에서, 남쪽에서 북쪽에서 마음으로 기뻐하며 따르지 않는 이가 없어라.'

— 대아 「문왕유성」

孟子曰: "仁則榮, 不仁則辱. 今惡辱而居不仁, 是猶惡濕而居下也.
맹자왈　　인즉영　　불인즉욕　금오욕이거불인　시유오습이거하야

如惡之, 莫如貴德而尊士, 賢者在位, 能者在職.
여오지　막여귀덕이존사　　현자재위　　능자재직

치욕을 싫어한다면 덕을 귀하게 여기고 지식인을 존중하여 현자에게 알맞은 지위를 주고
능력을 가진 인재에게 적당한 직무를 담당케 하는 것, 그 이상의 시급한 처방은 없다.

國家閒暇, 及是時, 明其政刑.
국가한가 급시시 명기정형

나라가 평온하고 한가한 시기일수록
정치의 기강을 세우고 형법을 공평하게 만들어
국가체제를 명료하게 정비하면

雖大國, 必畏之矣.
수대국 필외지의

비록 강대국이라도 반드시 두려워하게 될 것이다.

詩云: '迨天之未陰雨, 徹彼桑土, 綢繆牖戶. 今此下民, 或敢侮予?'
시운 태천지미음우 철피상토 주무유호 금차하민 혹감모여

『시』에 이런 노래가 있다.

'하늘이 구름에 가려
폭우가 쏟아지기 전에
뽕나무 뿌리의 껍질을 주워다가
둥지 틈과 구멍을 칭칭 감아
튼튼하게 보수해 폭우에 대비해 놓으면
저 밑에 있는 인간들이
어찌 우리를 업신여기겠어?'

-「치효」

孔子曰: '爲此詩者, 其知道乎! 能治其國家, 誰敢侮之?'
공자왈 위차시자 기지도호 능치기국가 수감모지

공자께서 말씀하셨다.

'이 시를 지은 자는 세상의 이치를 깨달은 사람일 것이다.
국가를 그렇게 잘 다스리고 환난에 대비할 수 있게 만든다면
누가 감히 그 나라를 깔볼 수 있으리오?'

今國家閒暇, 及是時, 般樂怠敖, 是自求禍也.
금 국 가 한 가 급 시 시 반 악 태 오 시 자 구 화 야

지금 국가가 태평하고 한가하다 하여
이 좋은 시기에 향락에 빠지고 놀기만 하는 것은
스스로 화를 자초하는 것이다.

禍福無不自己求之者. 詩云: '永言配命, 自求多福.'
화 복 무 부 자 기 구 지 자 시 운 영 언 배 명 자 구 다 복

인간의 복과 재앙은 결국 자기 스스로 구하지 않음이 없다.
『시』에 이른다:

'길이길이 천명과 함께하는 것이
스스로 많은 복을 구하는 길이다.'

太甲曰: '天作孼, 猶可違;
태 갑 왈 천 작 얼 유 가 위
自作孼, 不可活.'
자 작 얼 불 가 활

「태갑」의 이 말은

하늘이 지은 재앙은
오히려 피할 수 있으나,
스스로 지은 재앙은 도저히
도망갈 길이 없나이다.

- 『상서』「태갑」

此之謂也.
차 지 위 야

바로 이것을 두고
하는 말이다!

人之有是四端也, 猶其有四體也.
인 지 유 시 사 단 야　유 기 유 사 체 야

사람에게 이 네 가지 단서가 있다는 것은 몸이 두 팔, 두 다리를 가지고 있는 것과도 같다.

有是四端而自謂不能者, 自賊者也;
유 시 사 단 이 자 위 불 능 자　자 적 자 야

이 사단을 가지고 있으면서도 나는 실천할 수 없다고 말하는 자는 자기 자신을 해치는 자이며,

謂其君不能者, 賊其君者也.
위 기 군 불 능 자　적 기 군 자 야

자기가 모시는 임금으로 하여금 실천케 하지 못하는 자는 그 임금을 도적놈으로 만드는 자이다.

凡有四端於我者, 知皆擴而充之矣, 若火之始然,
범 유 사 단 어 아 자　지 개 확 이 충 지 의　약 화 지 시 연

사람들이 나의 내면에 갖추어져 있는 사단을 넓혀서 가득 채울 줄 알게 되면 불이 처음에는 미약하게 타올라도 마침내 거대한 들판을 태우는 것처럼,

공손추-상

泉之始達. 苟能充之, 足以保四海; 苟不充之, 不足以事父母."
천지시달 구능충지 족이보사해 구불충지 부족이사부모

샘물이 처음에는 한 줌의 물로 솟아나지만 거대한 바다를 이루는 것처럼 누구도 막을 수 없게 번져나갈 것이다.

사단을 잘 확충해가면 온 천하를 지킬 수 있지만,

그렇지 못하면 부모님조차 변변히 모시지 못하게 된다!

孟子曰: "矢人豈不仁於函人哉? 矢人唯恐不傷人, 函人唯恐傷人.
맹자왈　　시인기불인어함인재　　시인유공불상인　함인유공상인

화살을 만드는 사람이라 해서 어찌 갑옷을 만드는 사람에 비해
더 불인한 인간이라 말할 수 있으리오?

시인
: 화살장인

함인
: 갑옷장인

그러나 화살을 만드는 사람은 사람을 죽이지
못할 것만을 걱정하고,

갑옷을 만드는 사람은 화살에 갑옷이 뚫려 사람이
다칠 것만을 걱정할 수밖에 없다.

巫丶匠亦然, 故術不可不愼也.
무　장역연　고술불가불신야

의사(무당)와 장의사도 또한 마찬가지이니,
직업이나 기술을 선택할 때 신중히 하지 않을 수 없다.

孔子曰: '里仁爲美. 擇不處仁, 焉得智?'
공자왈　　이인위미　택불처인　언득지

공자께서 말씀하셨다.

'인한 동네를 선택하여 사는 것이 아름답다.
택하여 인에 처하지 않는다면,
어찌 지혜롭다 할 수 있겠는가?'

— 『논어』「이인」 1

夫仁, 天之尊爵也, 人之安宅也.
부인　천지존작야　인지안택야

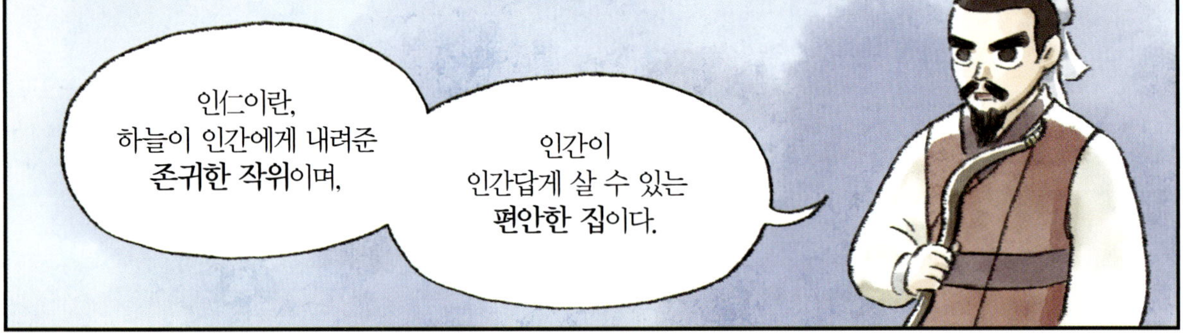

인仁이란,
하늘이 인간에게 내려준
존귀한 작위이며,

인간이
인간답게 살 수 있는
편안한 집이다.

莫之禦而不仁, 是不智也. 不仁不智, 無禮無義, 人役也.
막지어이불인　시부지야　불인부지　무례무의　인역야

아무도 사람이 인仁의 집에
사는 것을 막지 않는데도

불인하게 사는 것은 너무도
지혜롭지 못한 것이다.

불인하고 부지하며,
무례하고 무의한 인간은
남에게 부림을 당할 수밖에 없다.

人役而恥爲役, 由弓人而恥爲弓,
인 역 이 치 위 역　유 궁 인 이 치 위 궁

남에게 부림을 당하면서 그것을 창피하게 여기는 것은, 마치 활의 장인이 활 만드는 것을 수치스럽게 여기고

矢人而恥爲矢也.
시 인 이 치 위 시 야

화살의 장인이 화살 만드는 것을 수치스럽게 여기는 것과도 같다.

如恥之, 莫如爲仁.
여 치 지　막 여 위 인

부림을 당하는 것이 창피하다면
인仁을 실천하는 고귀한 인간이 되려고
노력해야 할 것이 아닌가!

仁者如射,
인 자 여 사

인한 사람의 삶의 자세는
활 쏘는 사람의 자세와도 같다.

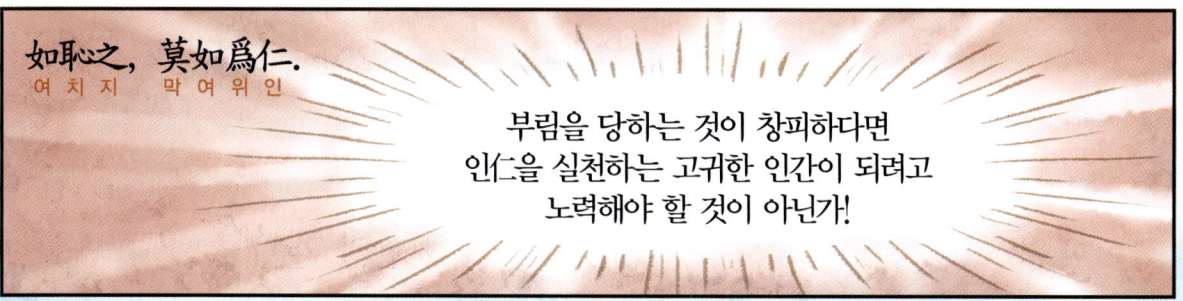

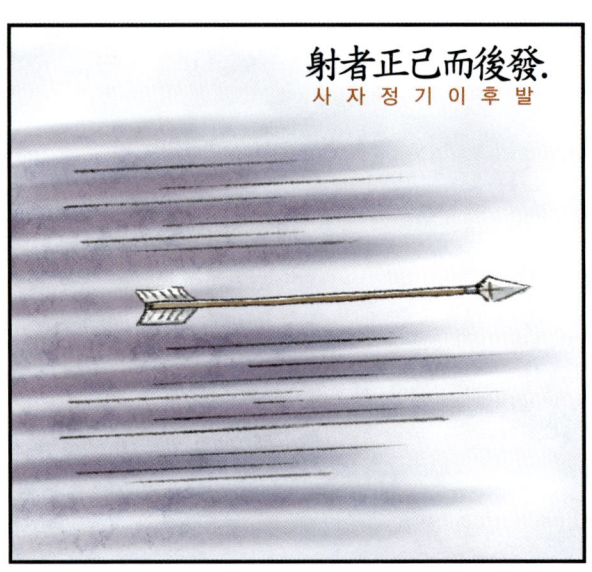

공손추 하
公孫丑 下

제나라 임치
직하학궁(稷下學宮) II

공손추 하 – 2

孟子將朝王, 王使人來曰: "寡人如就見者也, 有寒疾, 不可以風.
맹자장조왕 왕사인래왈   과인여취견자야   유한질 불가이풍

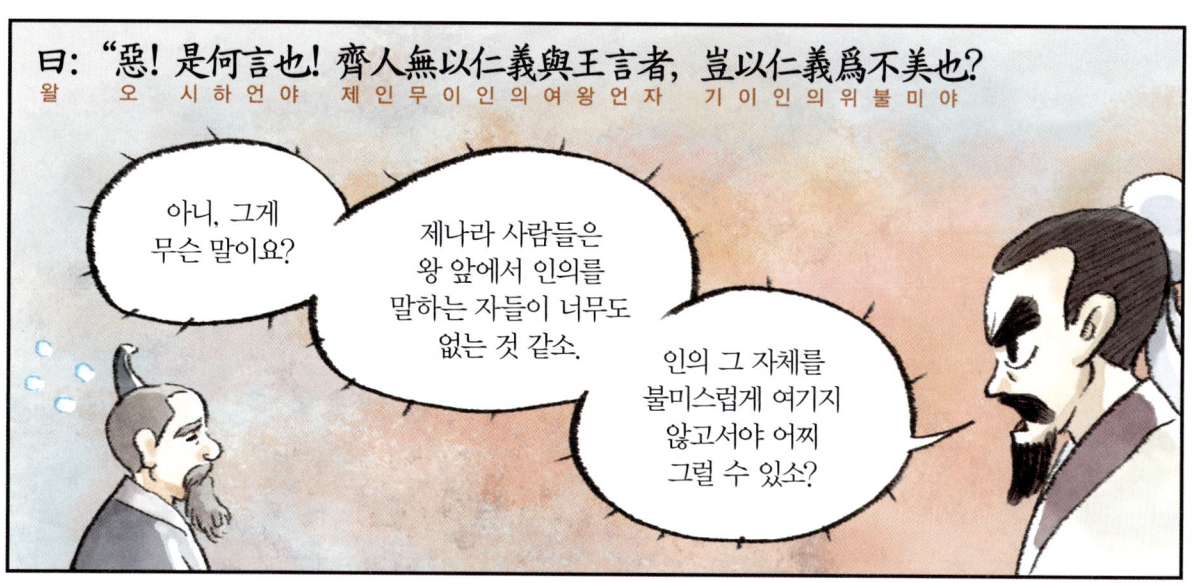

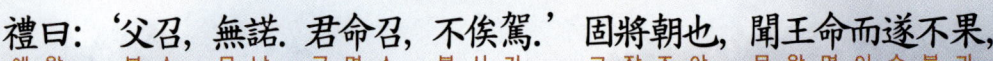

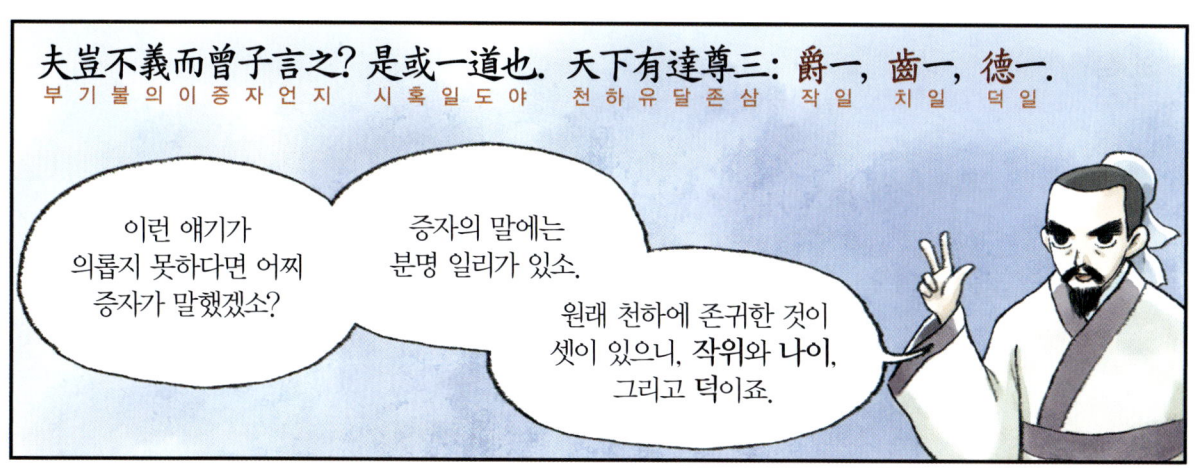

其尊德樂道, 不如是, 不足與有爲也.
기존덕락도 불여시 부족여유위야

덕을 높이고 도를 즐김이
이 정도가 아니라면,

그런 군주와는 큰일을
도모하기 힘들지요.

故湯之於伊尹, 學焉而後臣之,
고탕지어이윤 학언이후신지

탕왕은 이윤을 만나 그에게 배운 뒤에야
신하로 삼았고,

故不勞而王;
고불로이왕

그래서 크게 고생하지 않고 천하를
통일하는 왕자가 되었습니다.

桓公之於管仲, 學焉而後臣之, 故不勞而霸.
환공지어관중 학언이후신지 고불로이패

환공도 관중을 만나 그에게 배우고 나서야
신하로 삼았기에, 크게 고생하지 않고
패자가 될 수 있었죠.

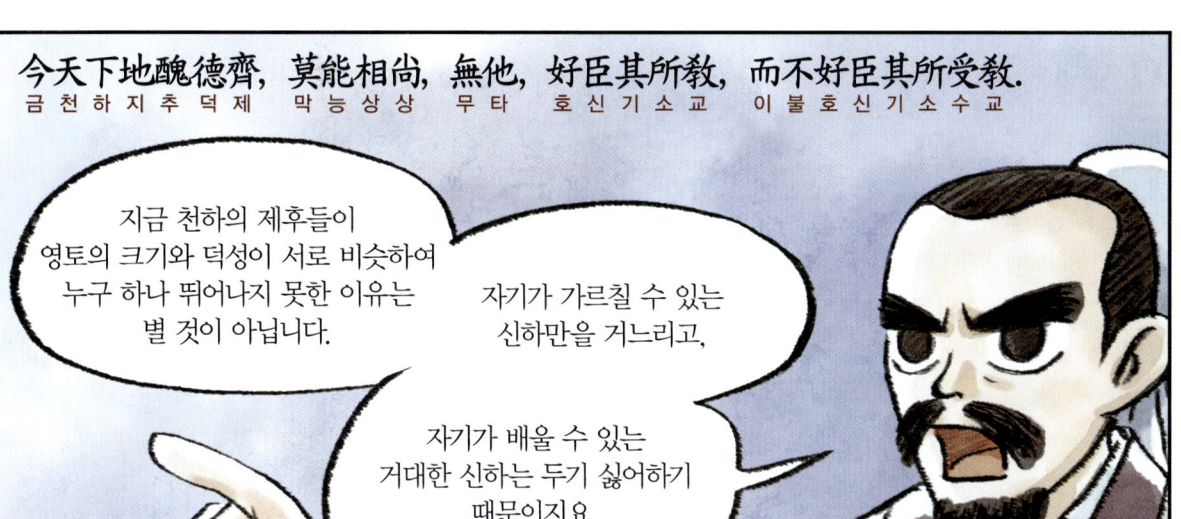

공손추 하 - 10

孟子致爲臣而歸. 王就見孟子, 曰: "前日願見而不可得, 得侍同朝, 甚喜.
맹자치위신이귀 왕취견맹자 왈   전일원견이불가득 득시동조 심희

맹자가 지위를 반납하고 고향으로 돌아가려 하자
그 소식을 들은 제선왕이 몸소 맹자를 찾아왔다.

今又棄寡人而歸, 不識可以繼此而得見乎?"
금우기과인이귀 불식가이계차이득견호

그런데 지금 저를 버리고 돌아가신다 하니 너무도 슬프군요.

이 뒤로도 또다시 뵙는 것이 가능하겠지요?

저는 젊은 시절부터 선생을 뵙는 것이 꿈이었기에

7년의 세월 동안 같은 조정에서 모신 것이 큰 기쁨이었습니다.

"不敢請耳, 固所願也."
불감청이 고소원야

감히 청하지는 못하지만 본래 바라는 바입니다.

내가 떠나고 안 떠나고는 왕 당신이 하기에 달렸습니다…

他日王謂時子曰: "我欲中國而授孟子室, 養弟子以萬鍾,
타일왕위시자왈 아욕중국이수맹자실 양제자이만종

使諸大夫國人皆有所矜式. 子盍爲我言之!"
사제대부국인개유소긍식 자합위아언지

며칠 후

나는 제나라의 수도 한가운데에 맹자학교를 크게 만들겠노라!

그곳에서 맹자께서 제자를 기르도록 1만 종의 곡식을 드리겠다.

그래서 모든 대부와 국인들로 하여금 맹자를 공경하고 본받도록 하겠으니,

이 기쁜 소식을 맹자께 전해다오!

시자

공손추-하 163

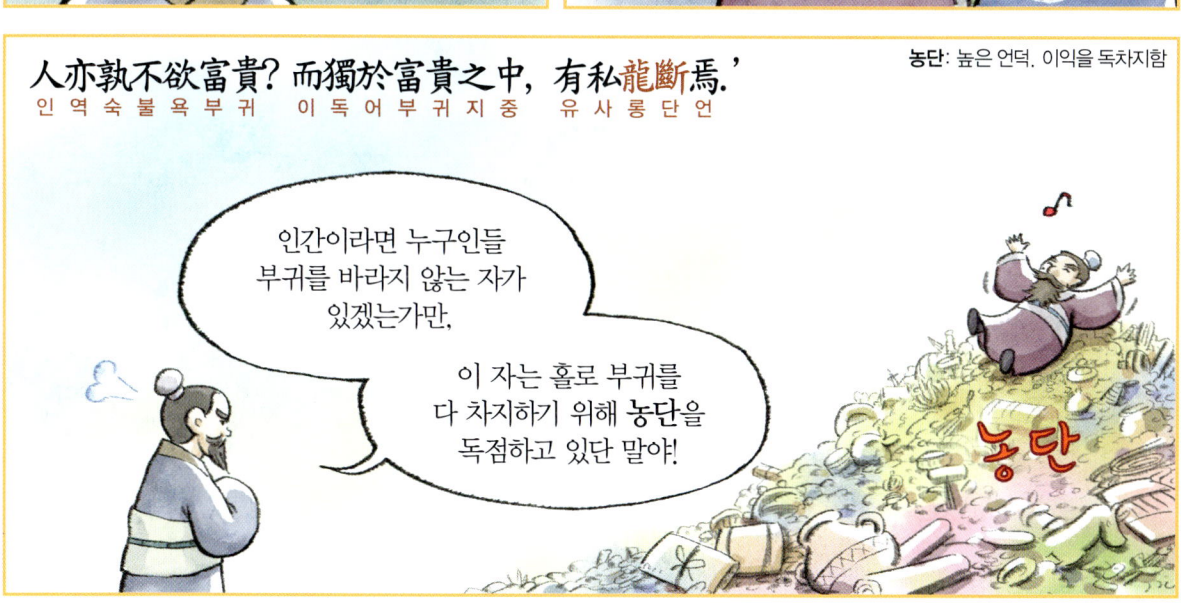

有賤丈夫焉, 必求龍斷而登之, 以左右望而罔市利.
유 천 장 부 언　필 구 롱 단 이 등 지　이 좌 우 망 이 망 시 리

그런데 어떤 비천한 사내가 높은 언덕에 올라가 거래현장을 한눈에 바라보면서 시장이익을 싹쓸이해버렸다.

人皆以爲賤, 故從而征之. 征商, 自此賤丈夫始矣."
인 개 이 위 천　고 종 이 정 지　정 상　자 차 천 장 부 시 의

사람들이 모두 그놈을 천하다고 생각했기에 결국 관리가 세금을 매겼지.

상인에게 세금을 거두는 역사가 이 천장부에서 시작된 것이야!

孟子去齊, 宿於晝. 有欲爲王留行者, 坐而言. 不應, 隱几而臥. 客不悅.
맹자거제 숙어주 유욕위왕류행자 좌이언 불응 은궤이와 객불열

맹자는 제나라를 떠났다. 그리고 수도 임치에서 멀지 않은 주 땅에서 머물렀다.
그런데 제선왕을 위하여 맹자가 떠나는 것을 말리려는 사람이 있었다.
이 사람은 공손하게 바닥에 무릎을 꿇고 앉아 간곡히 말씀드렸다.
그러나 맹자는 상대하지 않고, 팔걸이에 턱을 괴고 앉아 꾸벅꾸벅 졸았다.
손님은 기분이 나빴다.

曰: "弟子齊宿而後敢言, 夫子臥而不聽,
왈 제자제숙이후감언 부자와이불청

저는 목욕재계까지 하고 어렵게 말씀드리는데, 선생님께서는 누워서 제 말은 듣지도 않으시는군요.

請勿復敢見矣."
청물부감견의

두 번 다시 선생님을 뵙지 않겠어욧!

曰: "坐! 我明語子.
왈 좌 아명어자

昔者魯繆公無人乎子思之側, 則不能安子思;
석자노목공무인호자사지측   즉불능안자사

옛날, 노나라의 목공은 자신과 자사를 잘 소통시키는
신하를 두지 않았으면 자사를 안심시킬 수 없었고

泄柳、申詳無人乎繆公之側, 則不能安其身.
설류   신상무인호목공지측   즉불능안기신

노나라의 현인 설류와 신상 또한 목공의 곁에
자신들과 목공을 잘 이해하는 신하가 없었으면
그 몸을 편안히 할 수 없었네.

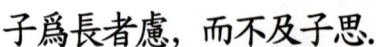

子爲長者慮, 而不及子思.
자위장자려   이불급자사

子絶長者乎? 長者絶子乎?"
자절장자호   장자절자호

공손추 하 - 12

孟子去齊. 尹士語人曰: "不識王之不可以爲湯、武, 則是不明也;
맹자거제 윤사어인왈 불식왕지불가이위탕 무 즉시불명야

맹자는 제나라를 떠났다.
제나라의 현자 윤사가 말하였다.

맹자가 제선왕이 탕왕이나 무왕 같은 인물이 될 수 없음을 모르고 제나라에 왔다면 바보스러운 것이요,

識其不可, 然且至, 則是干澤也.
식기불가 연차지 즉시간택야

윤사

그러한 사정을 알고도 왔다면 그저 벼슬하려고 온 것에 지나지 않는다.

千里而見王, 不遇故去, 三宿而後出晝, 是何濡滯也? 士則玆不悅."
천리이견왕 불우고거 삼숙이후출주 시하유체야 사즉자불열

천리 길을 와서는 왕을 만나 뜻이 맞지 않는다고 떠나는 사람이

왜 사흘이나 주 땅에 머무르며 미적거린단 말인가?

나는 맹자의 이런 태도가 마음에 들지 않는다!

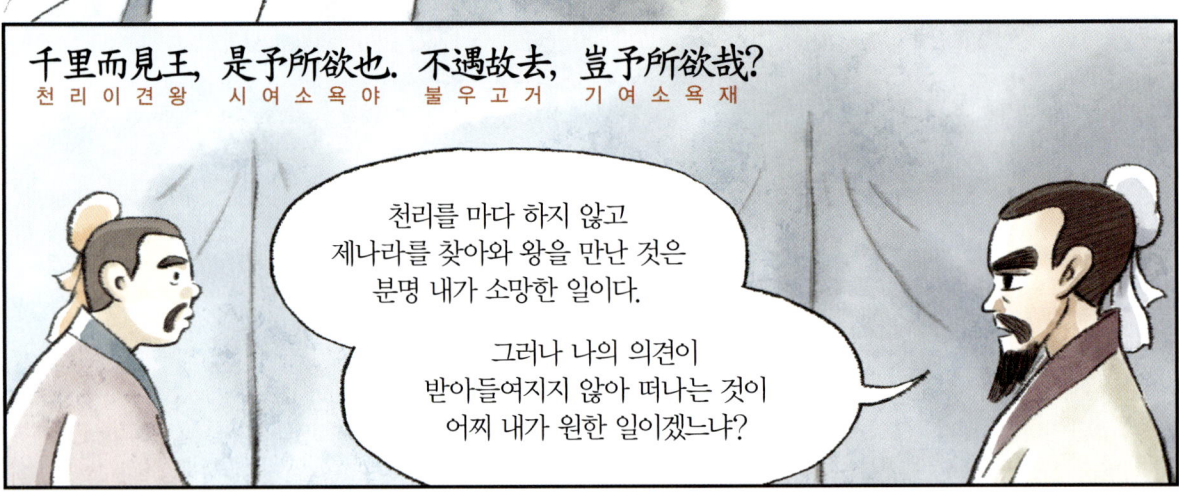

孟子去齊. 充虞路問曰: "夫子若有不豫色然. 前日虞聞諸夫子曰:
맹자거제　충우로문왈　　부자약유불예색연　전일우문저부자왈

'君子不怨天, 不尤人.'"
군자불원천　불우인

공손추 하 - 14

孟子去齊, 居休. 公孫丑問曰: "仕而不受祿, 古之道乎?"
맹자거제 거휴 공손추문왈 사이불수록 고지도호

曰: "非也. 於崇, 吾得見王. 退而有去志,
왈 비야 어숭 오득견왕 퇴이유거지

不欲變, 故不受也.
불욕변 고불수야

맹자와 어머니

맹자는 추나라 출신이라는 것 외에는 자세히 알려진 바가 없습니다.

이름: **맹가孟軻** (BC 372-289)
수레
추鄒나라

다만 여러 책들에 실려 있는 맹자에 관한 고사를 보고 추측할 뿐이죠.

옛이야기에 따르면…

맹자는 어려서 일찍 아버지를 여의고
맹자 3세

자식의 교육에 심혈을 기울인 엄한 어머니 밑에서 자랐죠.

맹 모 삼 천
孟母三遷

맹자 어머니, 세 번 이사하다.
- 『열녀전』(여성열전)

맹자 4세

묘지 근처 → 시장 근처 → 서당 근처

맹자의 왕도사상

엄격한 신분질서의 사회에서 교양을 갖춘 새로운 지식집단인

사(士)를 교육하는 데 온 힘을 다했던 공자.

공자학단

공자의 주된 관심이 사의 내면을 높이는 데 있었다면

**하 학 이 상 달
下學而上達**

나는 비천한 데서 배워
지고의 경지에까지 이르렀노라!
- 『논어』 「헌문」 37

교육받은 사들이 활약하던 전국시대,

순우곤 상앙 맹자

맹자의 가장 큰 관심사는

공자 사후
100년 뒤 탄생

민중의 삶을 구원하는 것이었습니다.

맹자의 왕도사상

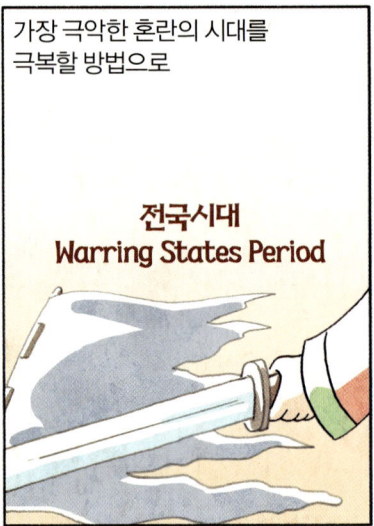

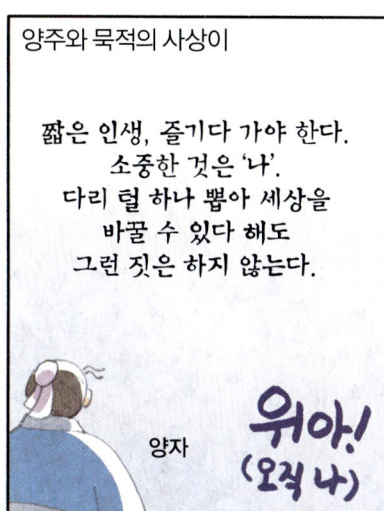
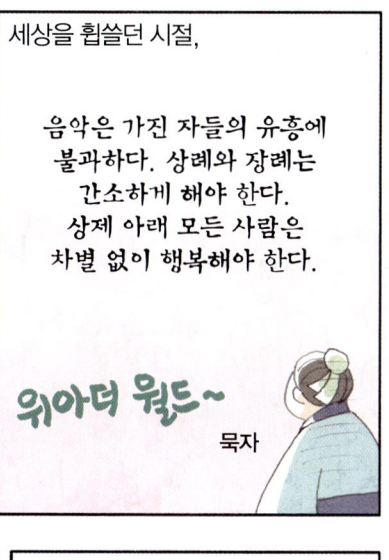

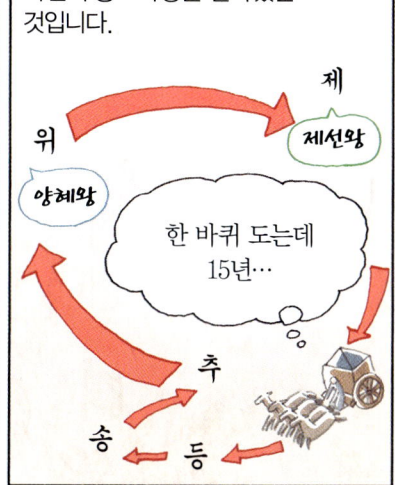

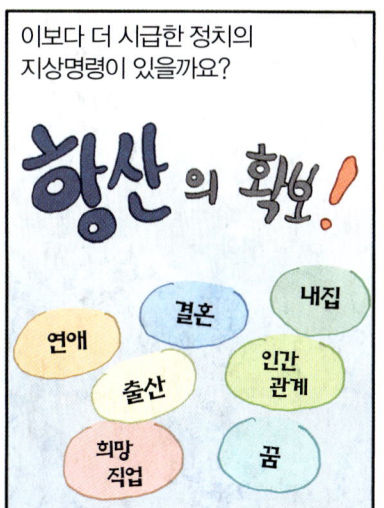

맹자의 왕도사상

맹자에게는 왕도정치를 위한 구체적인 세부 방안도 있었습니다.

「공손추」상 5

1. 현자를 존중하고 능력자를 등용하면 천하의 선비들이 몰려올 것이다.

존 현 사 능
尊賢使能

2. 시장에 창고를 만들어 보관세를 받지 않고 안 팔리는 물건을 법에 의해 사들이면 천하의 재화가 몰려들 것이다.

3. 국경의 관문에서 살피기만 할 뿐 통행세를 받지 않으면 천하의 여행객이 몰려올 것이다.

4. 농부에게 공전을 경작하는 이외의 세금을 걷지 않으면 천하의 농부들이 농사짓고 싶어할 것이다.

공동경작 구역

정전법 시행

5. 토지세, 인두세로 베를 걷지 않으면 천하 사람들이 백성이 되고 싶어할 것이다.

세금에서 해방됐다~!

이 다섯 가지를 실천하면 이웃나라 백성들조차 그 나라 임금을 부모처럼 여길 것이고,

존경 흠모

그렇게 되면 아무도 그 나라를 공격하지 못하게 되니,

천 하 무 적
天下無敵

공격 못합니다. 안 합니다.

이렇게 천하에 적이 없고도 왕자가 되지 못하는 사람은 있어본 적이 없다.

왕자(王者) = 하늘의 명령을 대행하는 **천리(天吏)**

188 도올만화맹자 · 1

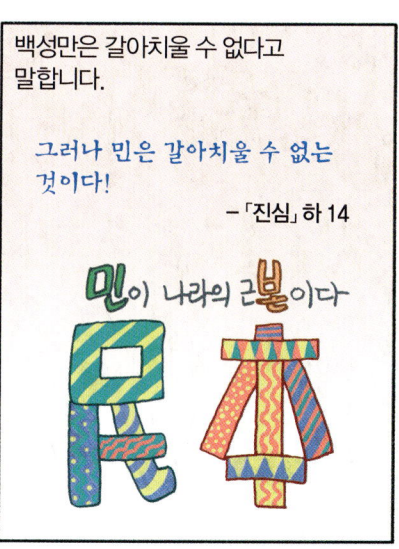

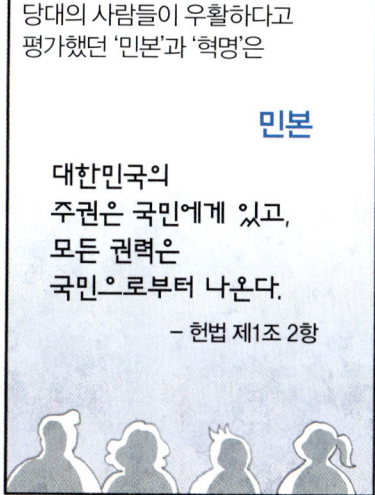

등문공 상
滕文公 上

등문공상 - 1

滕文公爲世子, 將之楚, 過宋而見孟子. 孟子道性善, 言必稱堯舜.
등문공위세자 장지초 과송이견맹자 맹자도 성선 언필칭요순

등문공이 세자 시절에 초나라에 가는 길에 송나라에 들러, 마침 제나라를 떠나 송나라에 머물고 있던 맹자를 뵈었다. 맹자는 그에게 자신의 **성선론**을 강의하면서 말끝마다 반드시 요순에 대해 말하였다.

世子自楚反, 復見孟子.
세자자초반 부견맹자

세자는 초나라에 갔다가 돌아오는 길에 다시 맹자를 뵈었다.

등문공

孟子曰: "世子疑吾言乎? 夫道一而已矣.
맹자왈 세자의오언호 부도일이이의

세자는 내 말이 의심스럽습니까?

원래 진리란 하나라오.

다시 말해, 이 세상사람은 누구든지 같은 도를 평등하게 공유한다는 말이지요.

成覵謂齊景公曰:
성 간 위 제 경 공 왈

제나라의 명신하였던 성간이 제경공에게 말한 바 있소.

顔淵曰: '舜, 何人也? 予, 何人也? 有爲者亦若是.'
안 연 왈   순 하 인 야   여 하 인 야   유 위 자 역 약 시

공자의 수제자 안연은 이렇게 말했지요.

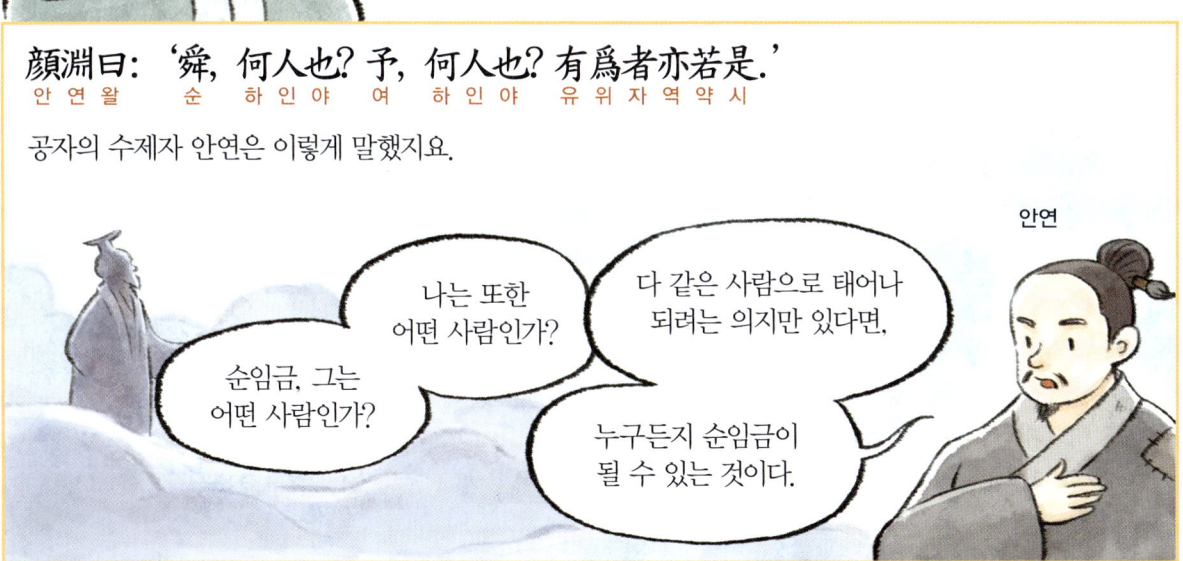

公明儀曰: '文王, 我師也; 周公, 豈欺我哉?'
공 명 의 왈   문 왕 아 사 야   주 공 기 기 아 재

증자의 제자 공명의도 이렇게 말했지요.

등문공–상

今滕, 絶長補短, 將五十里也, 猶可以爲善國.
금등 절장보단 장오십리야 유가이위선국

지금 등나라는 긴 곳을 잘라 모자란 곳을 메워 계산하면 사방 50리 정도입니다만, 노력하여 인한 정치를 행한다면 훌륭한 나라가 될 수 있습니다.

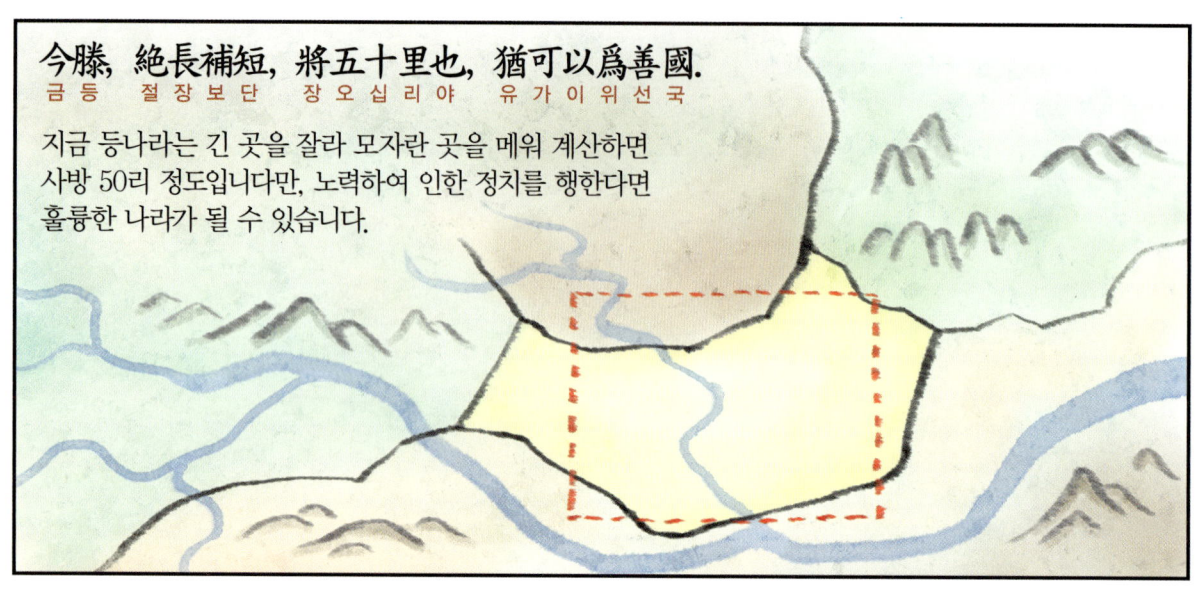

書曰: '若藥不瞑眩, 厥疾不瘳.'"
서왈 약약불명현 궐질불추

『서』에 이런 말이 있지요.

약을 먹은 뒤 일시적으로 증세가 악화되는 **명현**현상이 나타나지 않으면, 병은 낫지 않는다.

약은 쓰고 어지러운 법입니다.

고통스러운 약을 먹듯이 단단히 마음먹고 노력한다면

앞으로 당신의 나라에 유익함이 있을 것이오.

滕定公薨. 世子謂然友曰: "昔者孟子嘗與我言於宋, 於心終不忘.
등 정 공 훙   세 자 위 연 우 왈   석 자 맹 자 상 여 아 언 어 송 어 심 종 불 망

등나라 정공이 세상을 떠나자,
세자가 자신의 사부 연우에게 일러 말하였다.

일전에 맹자께서 송나라에서
나와 더불어 말씀하시면서
많은 가르침을 주셨는데,

그 말씀을 내내
잊을 수가 없네요.

세자
(등문공)

今也不幸至於大故, 吾欲使子問於孟子, 然後行事."
금야불행지어대고   오욕사자문어맹자   연후행사

然友之鄒, 問於孟子.
연우지추   문어맹자

연우는 추나라에 가서
맹자를 뵙고 여쭈었다.

지금 불행하게도
부왕의 상을 당하였으니,

내 그대를 맹자께 보내
여러 가지를 묻고 나서

대상(大喪)을
치르고자 합니다.

孟子曰: "不亦善乎! 親喪, 固所自盡也.
맹자왈 불역선호 친상 고소자진야

참으로 훌륭한 마음씀씀이로다!

원래 친부모의 상이란 자기의 정성을 다하면 되는 것이오.

曾子曰: '生, 事之以禮; 死, 葬之以禮, 祭之以禮, 可謂孝矣.'
증자왈 생 사지이례 사 장지이례 제지이례 가위효의

증자가 이렇게 말한 적이 있소.

'부모님께서 살아계실 때에 예로 섬기고,
돌아가시면 예로써 장례지내고 예로써 제사지내면,
가히 효를 다한다 말할 수 있다.'
-『논어』「위정」 5

諸侯之禮, 吾未之學也; 雖然, 吾嘗聞之矣.
제후지례 오미지학야 수연 오상문지의

三年之喪, 齊疏之服, 飦粥之食,
삼년지상 자소지복 전죽지식

제후의 장례에 관하여 내가 특별히 배운 것은 없소.

그러나 나는 이렇게 들었소.

반드시 삼년상을 행해야 하며,
그 기간 동안 거친 삼베옷을 입고
묽은 죽을 먹습니다.

自天子達於庶人, 三代共之."
자천자달어서인 삼대공지

이러한 상례는 천자로부터 서인까지 공통되는

하·은·주 삼대에 걸쳐 내려온 법도입니다.

然友反命, 定爲三年之喪.
연우반명 정위삼년지상

연우는 귀국해 보고했고, 세자는 삼년상 치를 것을 결정하였다.

父兄百官皆不欲, 曰: "吾宗國魯先君莫之行, 吾先君亦莫之行也,
부형백관개불욕 왈 오종국로선군막지행 오선군역막지행야

至於子之身而反之, 不可.
지어자지신이반지 불가

그러자 세자의 친척들과 모든 신하들이 이 결정에 반대하여 말하였다.

우리 등나라의 형님뻘 되는 노나라 군주들도 삼년상을 실행한 예가 없고,

우리나라의 역대 선조들도 실행한 예가 없습니다!

세자의 대에 와서 이것을 바꾸는 것은 옳지 못합니다!

등문공-상 199

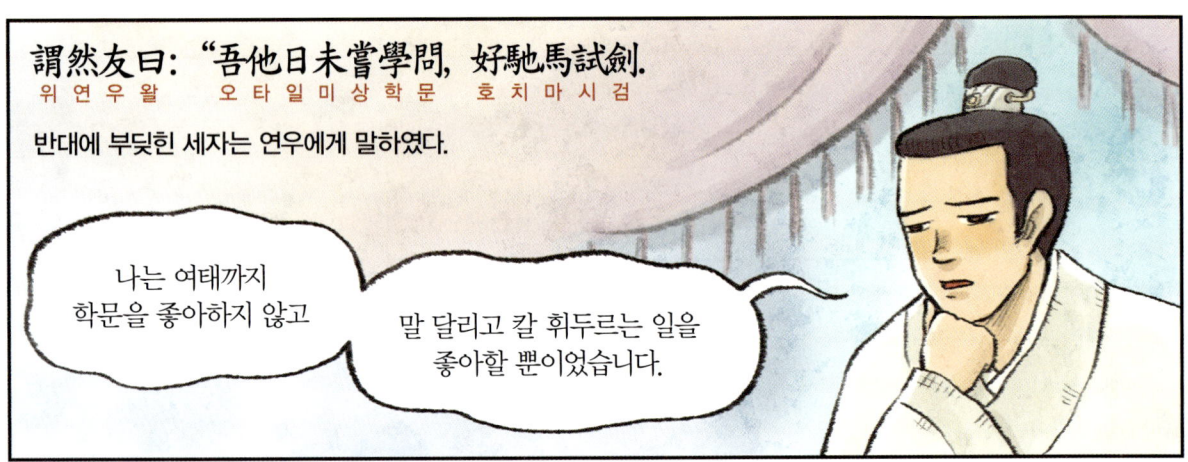

然友復之鄒問孟子.
연우부지추문맹자

연우는 다시 추나라에 가서 맹자께 여쭈었다.

孟子曰: "然. 不可以他求者也.
맹자왈   연   불가이타구자야

그러하오?

그러나 부모의 상은 남에게 구할 수 있는 것이 아니라오.

孔子曰: '君薨, 聽於冢宰. 歠粥, 面深墨. 卽位而哭, 百官有司, 莫敢不哀,
공자왈   군훙 청어총재   철죽 면심묵 즉위이곡   백관유사   막감불애
先之也.'
선지야

공자께서도 말씀하셨죠.

'임금이 죽으면 세자는 일체의 정무를 총재(수상)에게 맡기고, 자신은 묽은 죽을 마시며, 슬픔으로 얼굴은 검푸른색을 띠고 정해진 자리에서 곡을 하면, 모든 신하와 관리들이 감동하여 애통해하지 않을 수 없으니, 이는 세자가 솔선해서 모범을 보이기 때문이다.'

上有好者, 下必有甚焉者矣. 君子之德, 風也; 小人之德, 草也. 草尙之風,
상유호자 하필유심언자의   군자지덕   풍야 소인지덕   초야   초상지풍
必偃.
필언

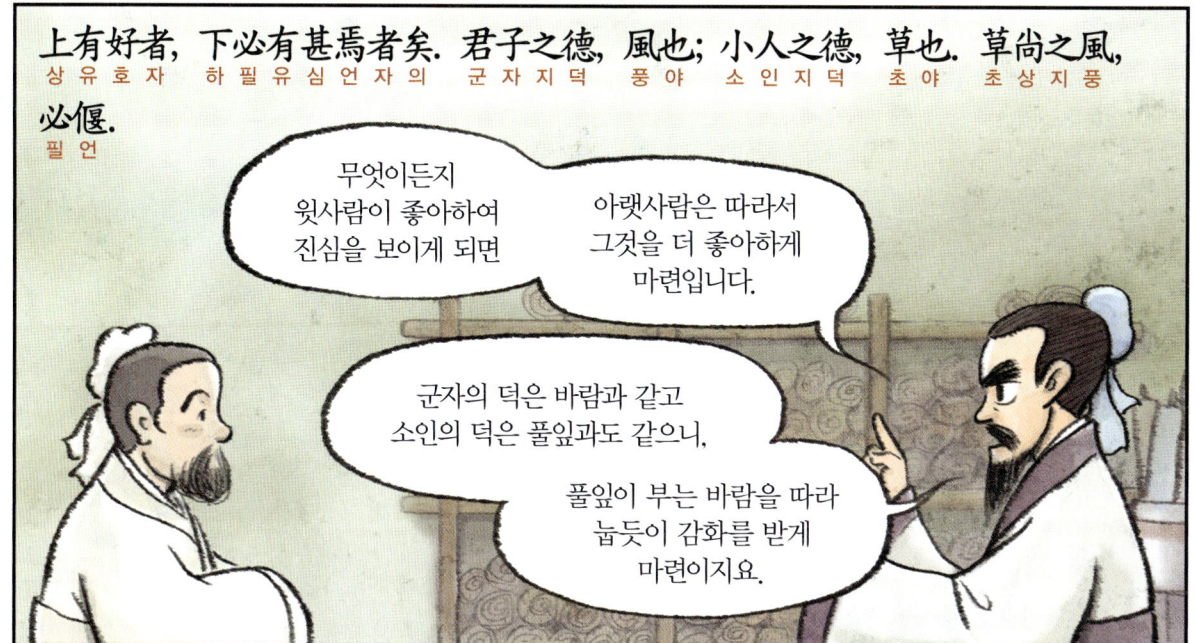

무엇이든지 윗사람이 좋아하여 진심을 보이게 되면

아랫사람은 따라서 그것을 더 좋아하게 마련입니다.

군자의 덕은 바람과 같고 소인의 덕은 풀잎과도 같으니,

풀잎이 부는 바람을 따라 눕듯이 감화를 받게 마련이지요.

등문공-상 201

是在世子."
시재세자

이 일은 오직 세자에게 달려 있습니다!

然友反命.
연우반명

연우는 귀국하여 세자에게 보고하였다.

五月居廬, 未有命戒. 百官族人可, 謂曰知.
오월거로 미유명계 백관족인가 위왈지

세자는 빈소가 차려지는 5개월 동안 움막에 머물면서 일체의 명령과 금령을 내리지 않았다.
모든 신하와 친족들은 세자의 행동을 훌륭하게 여겨 예를 안다고 칭찬했다.

世子曰: "然. 是誠在我."
세자왈 연 시성재아

그렇다!

이 일은 진실로 나의 결단에 달려 있다!

及至葬, 四方來觀之, 顔色之戚, 哭泣之哀, 弔者大悅.
급지장 사방래관지 안색지척 곡읍지애 조자대열

예의지국이라는 소문이 크게 나 장례행사에 사방의 사람들이 구경하러 왔는데,
세자의 초췌한 얼굴과 구슬픈 곡소리는 조문객들의 마음을 깊이 감동시켰다.

滕文公問爲國.
등 문 공 문 위 국

등나라 문공이 정식으로 즉위한 후에 예를 갖추어 맹자를 초빙하였기에 맹자는 등나라로 갔다.

등문공이 나라를 다스리는 법에 관하여 물었다.

孟子曰: "民事不可緩也. 詩云: '晝爾于茅, 宵爾索綯.
맹자왈   민사불가완야   시운   주이우모 소이삭도

亟其乘屋, 其始播百穀.' 民之爲道也, 有恆産者有恆心, 無恆産者無恆心.
극기승옥   기시파백곡   민지위도야   유항산자유항심   무항산자무항심

낮이면 들에 나가 띠풀을 베어오고,
밤이면 집에서 새끼를 꼬아,
빨리 지붕을 해 얹어야,
내년에 다시 온갖 곡식의 씨앗을
뿌릴 수 있도다.
— 『시』

백성의 생업에 관한 일은 느긋하게 시행해서는 안 됩니다.

농사일은 이 시에서 보는 것처럼 긴박하게 돌아갑니다.

백성들이 사는 방법엔 일정한 경향성이 있는데,

일정한 생업이 있는 자는 일정한 도덕심이 있지만

항산이 없는 자는 항심이 없지요.

항심이 없게 되면 방탕해지고 사악해져 못하는 짓이 없게 되는데, 이렇게 백성이 죄의 구렁텅이에 빠진 뒤에 형벌을 가한다면, 이는 백성이 죄를 범하기를 기다렸다가 그물질하는 것과 무엇이 다릅니까?

그러므로 현명한 임금은 공손하고 검소한 자세로 아랫사람을 예로 대하고,

백성에게 세금을 거둘 때에도 정확한 법에 따라야 합니다.

그래서 백성들의 **항산**의 기반을 만들어 주고 **항심**도 보장해주어야 하죠.

夏后氏五十而貢, 殷人七十而助, 周人百畝而徹, 其實皆什一也.
하후씨오십이공 은인칠십이조 주인백묘이철 기실개십일야

하나라는 한 세대당 50묘의 땅을 주는 **공법**을 썼고, 은나라는 70묘를 주는 **조법**을 썼고, 주나라는 100묘를 주는 **철법**을 썼는데, 실내용은 모두 수확량의 10분의 1만을 조세로 거둔 것이죠.

徹者, 徹也; 助者, 籍也. 龍子曰: '治地莫善於助, 莫不善於貢.'
철자 철야 조자 자야 용자왈 치지막선어조 막불선어공

철은 수확량에 따라 거두어간다는 뜻이고,
조는 백성의 힘을 빌려 공전을 경작하게 한다는 뜻인데,
옛 현인 용자는 이렇게 말하였죠.

> 토지를 다스리는 데는
> 조법이 가장 좋고,
> 공법이 가장 나쁘다.

貢者, 校數歲之中以爲常. 樂歲, 粒米狼戾, 多取之而不爲虐, 則寡取之;
공자 교수세지중이위상 낙세 립미랑려 다취지이불위학 즉과취지

凶年, 糞其田而不足, 則必取盈焉.
흉년 분기전이부족 즉필취영언

공법은 여러 해의 수확을 평균하여 고정적인 양을 걷어가는 조세인데
풍년에는 곡식이 많이 쌓여 많이 거두어가도 모질다고 여기지 않는데도 적게 거두고,
흉년에는 밭에 비료를 주어 공을 들여도 한 식구 먹기에도 모자라는데도
정해진 대로 거두어갑니다.

군주는 백성의 부모라고 하는데,
백성이 쉬지도 못하고 뼈빠지게 일해도 자기 부모조차 모실 수 없고,
구제책을 빌미로 더 많은 이자를 받아가니 백성의 삶이 더 어려워져
급기야 노인과 어린애의 시체가 도랑에 뒹군다면,
대체 어디에 군주가 백성의 부모됨이 있다고 하겠습니까?

爲民父母, 使民盻盻然, 將終歲勤動, 不得以養其父母,
위민부모 사민예예연 장종세근동 부득이양기부모

又稱貸而益之, 使老稚轉乎溝壑, 惡在其爲民父母也?
우칭대이익지 사로치전호구학 오재기위민부모야

夫世祿, 滕固行之矣. 詩云: '雨我公田, 遂及我私.'
부세록 등고행지의 시운 우아공전 수급아사

등나라에서는 관리가 녹을 세습하는 것은 잘 시행되고 있습니다만,
『시』에 이런 노래가 있듯이

'우리 공전에 먼저 비를 내려주소서.
그리하여 마침내 우리 사전에도 미치게 하소서.'

*함께 경작해서 조세로 내는 공전(公田)

*개인이 경작해서 수확을 가져가는 사전(私田)

惟助爲有公田. 由此觀之, 雖周亦助也.
유조위유공전 유차관지 수주역조야

노래에 공전이 나오는 것으로 미루어 보아,

주나라 역시 철법과 동시에 조법을 썼으므로

등나라에서도 조법을 써서 백성의 삶을 편안케 하는 것이 좋겠지요.

設爲庠序學校以敎之. 庠者, 養也; 校者, 敎也; 序者, 射也.
설위상서학교이교지 상자 양야 교자 교야 서자 사야

그 다음으로 시급한 것은 교육정책으로,
상·서·학교를 세워 서민교육을 해야 합니다.
상은 '교양을 기른다', 교는 '바르게 가르친다',
서는 '활쏘기를 통해 인재를 기른다'는 뜻이 있지요.

夏曰校, 殷曰序, 周曰庠. 學則三代共之, 皆所以明人倫也.
하왈교 은왈서 주왈상 학즉삼대공지 개소이명인륜야

하나라 때는 교라고 했고, 은나라 때는 서라고 했고,
주나라 때는 상이라고 했는데,
배우는 곳이라는 의미에서 하·은·주 삼대가 공통됩니다.
배움의 내용은 모두 사람의 도리인 **인륜**을 밝히는 것이었죠.

人倫明於上, 小民親於下. 有王者起, 必來取法, 是爲王者師也.
인륜명어상 소민친어하 유왕자기 필래취법 시위왕자사야

교육에 의해 인륜도덕이 밝혀지면 서민들 사이에 공동체의 윤리가 생겨나게 되고,
천하를 통일하려는 왕자가 나타나도 반드시 이곳에 와서 사회질서의 법도를
배우려고 할 것이니, 등나라는 왕도의 모범이 될 것입니다.

詩云: '周雖舊邦, 其命惟新.'
시운 주수구방 기명유신

『시』에 이르기를,

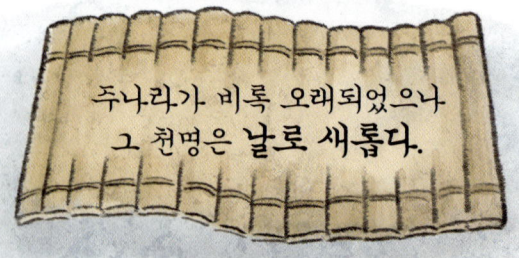

주나라가 비록 오래되었으나
그 천명은 **날로 새롭다**.

經界不正, 井地不鈞, 穀祿不平, 是故暴君汙吏必慢其經界.
경계부정　정지불균　곡록불평　시고폭군오리필만기경계

경계가 바르지 않으면 정(井)자 모양의 균등한 구획이 망가지고
관리들의 봉록도 공평하지 않게 된다.
그러므로 폭군이나 탐관오리들은 반드시 땅의 경계를
망가뜨려 욕심을 채우려 하는 것이다.

經界旣正, 分田制祿可坐而定也.
경계기정　분전제록가좌이정야

경계가 바로잡히면 백성에게 토지를 차별없이 나누어주고
관리들의 봉록을 정하는 것이 별 어려움 없이 결정된다.

夫滕, 壤地褊小, 將爲君子焉, 將爲野人焉.
부등 양지편소 장위군자언 장위야인언

등나라는 토지가 좁은 작은 나라지만, 이 나라에는
다스리는 일에 종사하는 **군자**도 있고
생업에 종사하는 **야인**도 있다.

無君子, 莫治野人; 無野人, 莫養君子.
무군자 막치야인 무야인 막양군자

군자가 없으면 다스릴 수 없고,
야인이 없으면 군자를 먹여 살릴 수가 없다.

請野九一而助, 國中什一使自賦.
청야구일이조　국중십일사자부

나의 제안은 이렇다.
너른 들판은 9분의 1을 세금으로 내는 **조법**을 쓰고,
성안의 경작지는 수확량의 10분의 1을 내게 한다.

卿以下必有圭田, 圭田五十畝.
경이하필유규전　규전오십묘

餘夫二十五畝.
여부이십오묘

경 이하의 대부·사는 규전 50묘를 주고,
나머지 귀족 자제는 25묘를 준다.

제사비용에 쓰라고
주는 땅이므로
세금 X

死徙無出鄕, 鄕田同井, 出入相友, 守望相助, 疾病相扶持, 則百姓親睦.
사사무출향　향전동정　출입상우　수망상조　질병상부지　즉백성친목

이렇게 하면 백성들이 죽거나 이사를 가게 되어도 마을을 떠나지 않게 되고,
마을의 땅은 **정전제도** 속에서 8가구가 공동체로 묶여 모두 함께 출입하고
서로 지키며 망을 보고, 질병에도 서로 돕게 되니,
곧 백성들이 서로 친밀하게 지낼 수 있게 된다.

方里而井, 井九百畝, 其中爲公田. 八家皆私百畝, 同養公田.
방리이정　정구백묘　기중위공전　팔가개사백묘　동양공전

정전은 1리 사방을 정(井)자로 구획 짓는 것이며
한 정이 900묘가 되는데, 그 가운데 100묘가 공전이 되는 것이다.
8가구가 사전 100묘씩을 경작하고, 가운데 공전은 공동으로
경작하여 나라에 바치는 것이다.

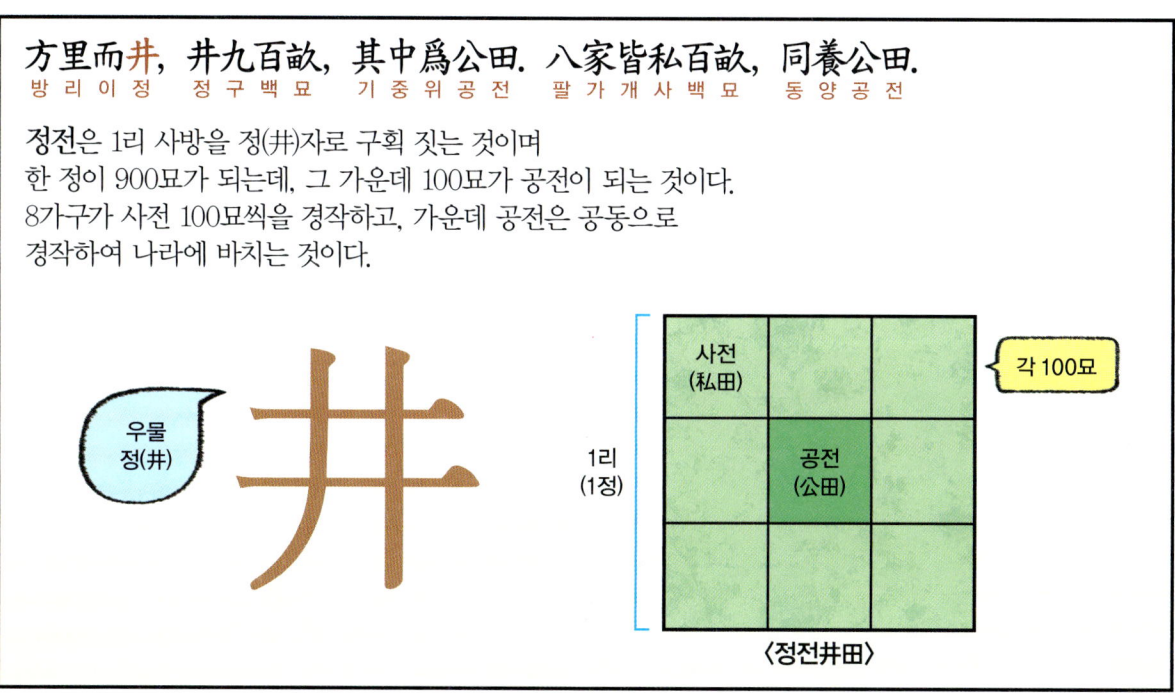

公事畢, 然後敢治私事, 所以別野人也. 此其大略也. 若夫潤澤之, 則在君與子矣."
공사필　연후감치사사　소이별야인야　차기대략야　약부윤택지　즉재군여자의

"공전의 일을 마친 후에야 사전의 일을 하게 하니,

이것은 군자와 야인 사이에 최소한의 상하구별을 위한 것이오.

이것이 내가 말하는 정전제도의 **대략**이니,

이 제도를 현실에 맞게 잘 적용하는 것은

곧 임금과 그대의 책임이오.

등문공 상 - 4

有爲神農之言者許行, 自楚之滕, 踵門而告文公曰:
유위신농지언자허행 자초지등 종문이고문공왈

농사의 신 신농의 가르침을 따르는 허행이라는 자가
초나라에서 등나라로 와서는 대궐 문 앞에서 등문공에게 고하였다.

"遠方之人聞君行仁政, 願受一廛而爲氓."
원방지인문군행인정 원수일전이위맹

허행

먼 곳에서 임금님이
인정을 행하신다는 말을 듣고
찾아온 사람입니다.

원컨대 한 뙈기 밭이라도
얻어 당신의 백성이
되고자 합니다!

文公與之處. 其徒數十人, 皆衣褐, 捆屨, 織席以爲食.
문공여지처 기도수십인 개의갈 곤구 직석이위식

문공은 그에게 살 곳을 마련해 주었다.
그의 일행 수십 명은 모두 거친 베옷을 입고,
볏짚으로 짚신을 삼고, 멍석을 짜서 먹고 살았다.

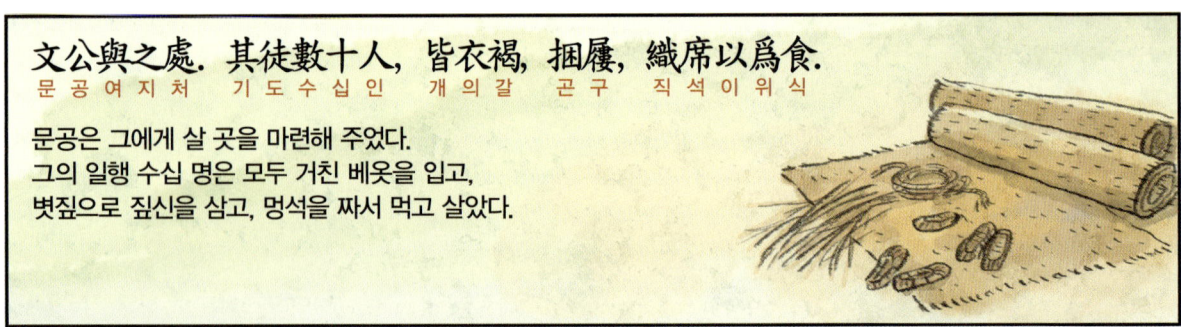

초나라에서 온 진상이라는 사람도 등문공에게 청해 살 곳을 얻었는데,
동생과 함께 진량의 제자였던 그는 허행의 학설에 홀딱 반한 나머지
유학의 가르침을 버리고 허행을 따라 다시 배웠다.

진상

진상은 맹자를 만나 허행의 학설에 대해 말하였다.

등문공은 참으로
현명한 군주시긴 하지만
아직 부족하십니다.

현군이라면 마땅히
백성과 더불어 밭을 갈고
손수 밥을 지어먹으면서
통치하셔야지요?

등문공-상

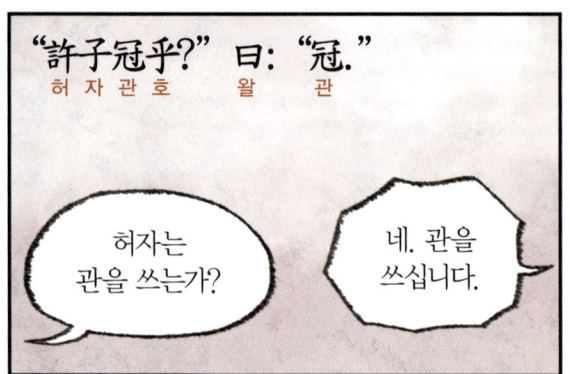

有大人之事, 有小人之事. 且一人之身, 而百工之所爲備,
유대인지사 유소인지사 차일인지신 이백공지소위비

이 세상에는 대인(다스리는 자)의 일이 있는가 하면, 소인(생업에 종사하는 자)의 일이 있다.
또한 한 사람의 몸을 유지하려면 여러 장인들이 만든 것이 다 갖춰져야 한다.

如必自爲而後用之, 是率天下而路也. 故曰, 或勞心, 或勞力,
여필자위이후용지 시솔천하이로야 고왈 혹노심 혹노력

그런데 사람이 필요한 모든 것을 스스로 만들어 써야 한다면,
이야말로 천하 사람들을 길거리에서 고생하게 만드는 것이다.
그래서 옛말에 **노심**(정신노동)이 있으면 **노력**(육체노동) 또한 있다고 한 것이다.

勞心者治人, 勞力者治於人. 治於人者食人, 治人者食於人. 天下之通義也.
노심자치인 노력자치어인 치어인자식인 치인자식어인 천하지통의야

노심자는 남을 다스리고, 노력자는 다스려진다.
다스려지는 자는 생업에 종사해 남을 먹이고, 다스리는 자는 남에게서 밥을 얻는다.
이것이 천하의 보편적 질서원칙이다.

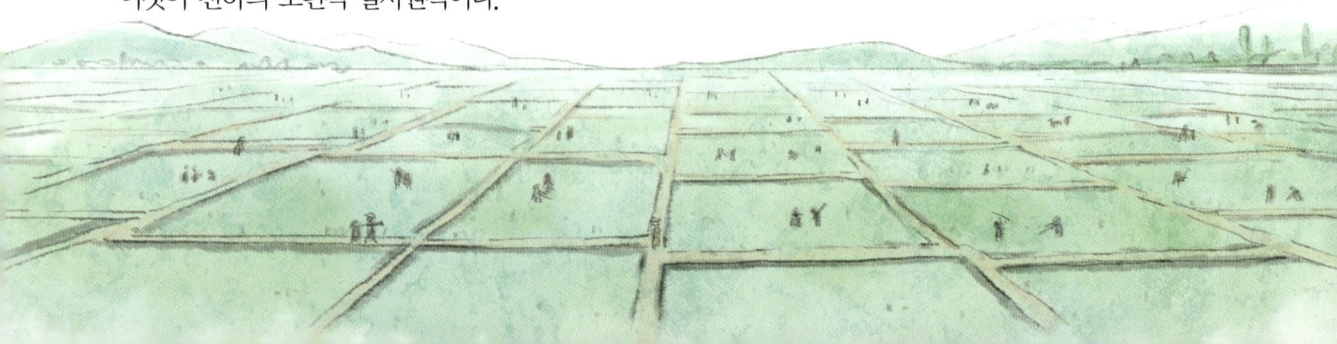

흔히 요임금의 시대를 이상향처럼 생각하지만,
실제로는 아직 태평한 시대가 아니었다.
홍수로 강이 넘치고 풀과 나무가 무성하게 자라고
맹수가 우글거리며 오곡은 잘 여물지 않았다.

이를 걱정한 요임금은 순을 기용해
총체적으로 다스리게 했다.
순이 익에게 명하여 산과 늪지를
불태우니 짐승들이 달아났고,

또, 우에게 명하여 황하의 강 아홉 개를 터서 수위를 조절하게 하니,
우는 **제수**와 **탑수**를 황해로 흘러가게 하고 **여수**와 **한수**의 물길을 텄으며
회수와 **사수**에 제방을 쌓아 양자강으로 흐르도록 만들었다.

이 치수사업이 완성된 뒤에야 오곡이 잘 영글어 중원 땅의 생활이 안정되었다.

치수사업이 한창일 때 우는 8년간
정강이에 털이 날 틈도 없이 쏘다니며
자기 집 앞을 세 번이나 지나가면서도
한 번도 집안으로 들어가지 않았다.

순은 후직에게 명하여 백성에게 농사짓는 법을 가르치게 하고,
오곡을 잘 길러 백성들이 배부르게 하고 따뜻하게 입도록 했다.

또 설에게 명하여 사람의 도리인 인륜人倫을 가르치게 하니,

아버지와 아들은 친근하게 되고, 임금과 신하는 의로움이 있고,
남편과 아내는 서로 구별하고, 어른과 아이는 순서가 있고,
친구 사이에는 믿음이 있게 되었다.

父子有親, 君臣有義, 夫婦有別, 長幼有序, 朋友有信.
　부자유친　　군신유의　　부부유별　　장유유서　　붕우유신

요임금과 순임금께서는 오직 훌륭한 신하를 얻지 못해
나라를 잘 다스리지 못하게 되는 것만을 근심으로 삼으셨다.

聖人之憂民如此, 而暇耕乎?
　성인지우민여차　　이가경호

성인이 백성을 위해
천하를 걱정하시는 것이
이와 같은데,

어찌 손수
밭 가는 데만 마음을
쓰실 수 있단 말인가?

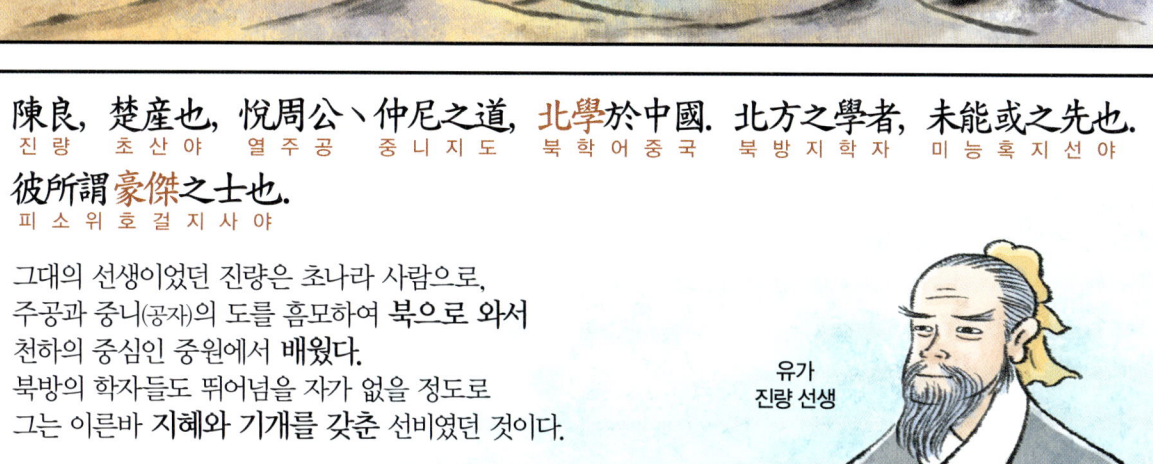

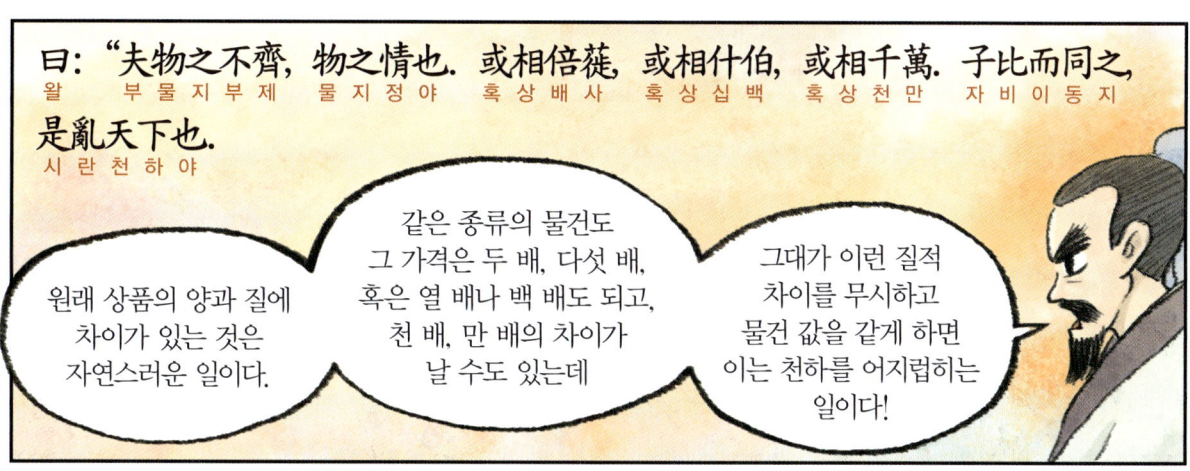

등문공상 – 5

墨者夷之, 因徐辟而求見孟子. 孟子曰: "吾固願見, 今吾尚病,
묵 자 이 지   인 서 벽 이 구 견 맹 자   맹 자 왈   오 고 원 견   금 오 상 병

我且往見, 夷子不來!"
아 차 왕 견   이 자 불 래

他日, 又求見孟子.
타 일   우 구 견 맹 자

얼마 후, 이지는 다시
맹자 뵙기를 청하였다.

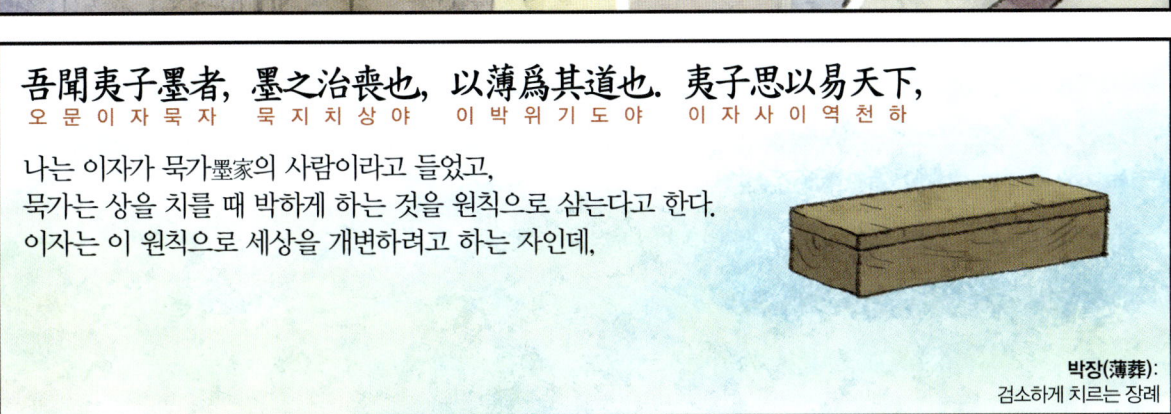

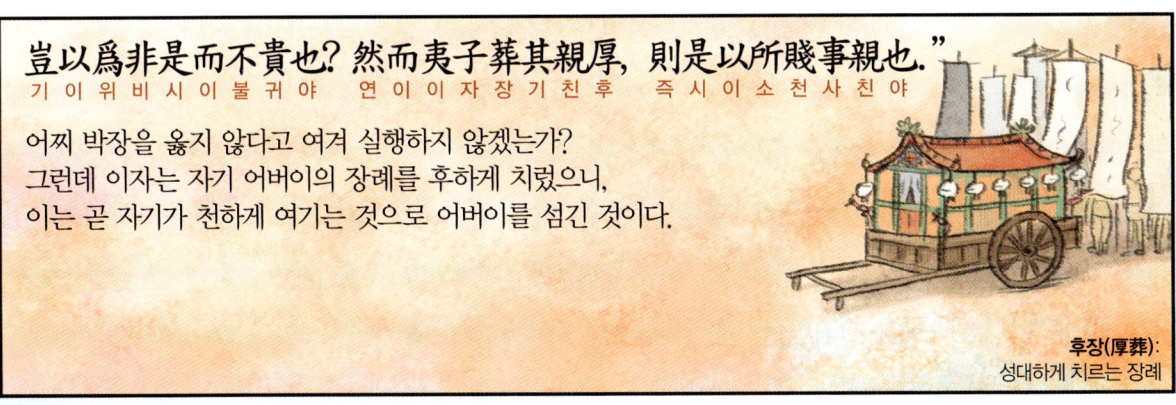

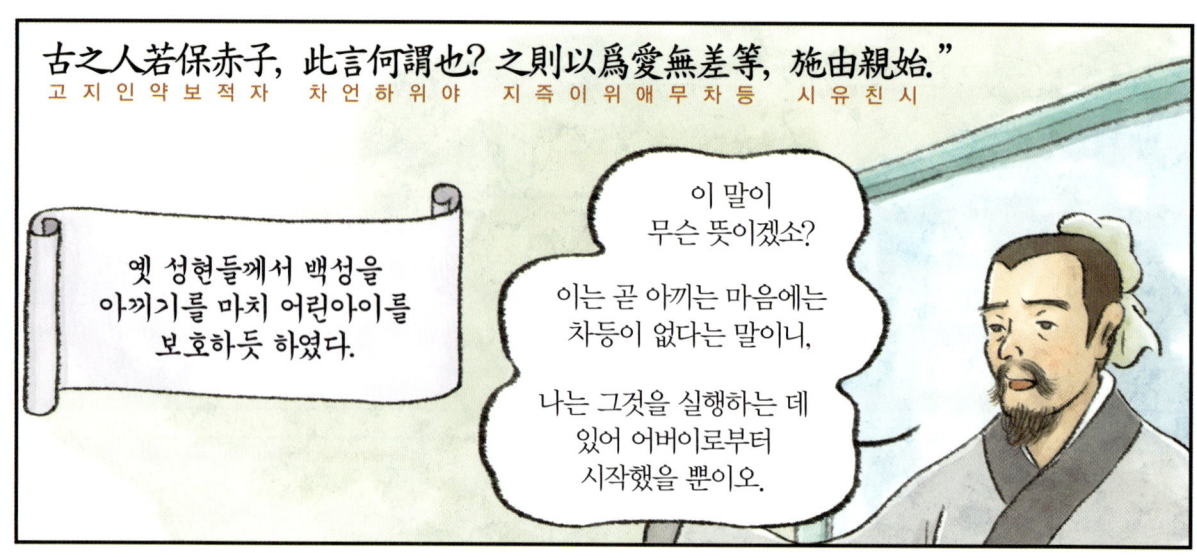

彼有取爾也. 赤子匍匐將入井,
피유취이야　적자포복장입정
非赤子之罪也.
비적자지죄야

그는 내 말의 이런 측면에 집착한 것이다.
남의 집 어린아이가 우물로 **기어**갈 때
구해주는 것은,
(사랑에 차별이 없어서가 아니라)
그것이 아이의 죄가 아니기 때문이다.

且天之生物也, 使之一本,
차천지생물야　사지일본
而夷子二本故也.
이이자이본고야

하늘이 만물을 만들 때 그 생명의 근원은
친부모 한 뿌리밖에 없는데,
(무차별적 사랑을 주장하는)
이자는 두 개의 뿌리가 있다고
주장하는 것과 같다.

蓋上世嘗有不葬其親者. 其親死, 則擧而委之於壑. 他日過之, 狐狸食之, 蠅蚋姑嘬之.
개상세상유부장기친자　기친사　즉거이위지어학　타일과지　호리식지　승예고최지

아주 먼 태고의 시대에는 부모가 돌아가셔도 그 부모의 시신을 묻지 않는 풍습이 보편적이어서,
어버이가 돌아가시면 그 시신을 마을 밖 계곡에 그냥 던져 버렸다.
어느 날 자식이 그곳을 지나가게 되었는데, 여우와 살쾡이가 부모의 살점을 뜯어먹고
파리와 등에가 새카맣게 모여 갉아먹고 있는 것이 아닌가?

其顙有泚, 睨而不視. 夫泚也, 非爲人泚, 中心達於面目. 蓋歸反虆梩而掩之.
기상유체　예이불시　부체야　비위인체　중심달어면목　개귀반류리이엄지

그 순간 이마에 땀이 나고 차마 눈 뜨고 볼 수 없어 눈을 돌리고 말았다.
남이 보기 때문이 아니라 깊은 가슴에서 우러나온 정감이 얼굴에 솟구친 것이다.
그래서 얼른 집으로 가서 삼태기와 삽을 가지고 돌아와 흙을 퍼서 유골을 덮었다.

掩之誠是也, 則孝子仁人之掩其親, 亦必有道矣."
엄지성시야　즉효자인인지엄기친　역필유도의

이것이 매장의 시초인데, 효자로서 인한 마음을 가진 사람이라면
그 어버이 장례를 치르는 데 반드시 후하게 하려는 도리가 있기 마련이다.

徐子以告夷子. 夷子憮然爲閒, 曰: "命之矣."
서자이고이자　이자무연위한　왈　명지의

서자가 이 맹자의 말씀을 이자에게 전했다.
이자는 한동안 먹먹하여 말을 꺼내지 못하다가 말하였다.

맹선생님으로부터 가르침을 얻었나이다!

등문공 하
滕文公 下

등문공 하 — 1

陳代曰: "不見諸侯, 宜若小然; 今一見之, 大則以王, 小則以霸.
진대왈   불견제후   의약소연   금일견지   대즉이왕   소즉이패

맹자가 등나라에만 머무는 것을 답답하게 느낀 진대가 말하였다.

제자 **진대**

선생님께서 천하의 제후들을 만나지 않으시는 것은 속좁은 행동이신 것 같습니다.

이제 한번 만나보시면 크게는 왕업을, 작게는 패업을 이루실 것이 분명합니다.

'志士不忘在溝壑, 勇士不忘喪其元,' 孔子奚取焉?
지사불망재구학   용사불망상기원   공자해취언

공자는 그 우인을 칭찬했는데, 그의 무엇을 평가하셨던 걸까?

지사는 신념을 굳게 지키기에 시체가 되어 계곡에 뒹구는 것을 두려워하지 않고, 용사는 의로움을 알기에 그 머리가 베어지는 것을 두려워하지 않는다.

取非其招不往也.
취 비 기 초 불 왕 야

정당한 부름이 아니면 죽음을 각오하고 나아가지 않은 것을 찬미하신 것이다.

如不待其招而往, 何哉?
여 부 대 기 초 이 왕   하 재

우인조차도 정당한 부름이 아니면 나아가지 않았는데, 요즈음 선비들의 모습은 어떠한가?

且夫枉尺而直尋者, 以利言也. 如以利, 則枉尋直尺而利, 亦可爲與?
차 부 왕 척 이 직 심 자   이 리 언 야   여 이 리   즉 왕 심 직 척 이 리   역 가 위 여

한 척을 굽혀 여덟 척을 편다는 것은 결국 이로움을 가지고서 하는 말이다.

이로움만을 따져, 여덟 척을 굽혀서 한 척을 편다 해도

이익이 되기만 하면 서슴지 않고 하겠다는 것인가?

232 도올만화맹자·1

또, 옛날의 조간자는 수레몰이꾼 왕량에게 명해
자신의 신하 해를 태우고 사냥을 나가게 하였다.

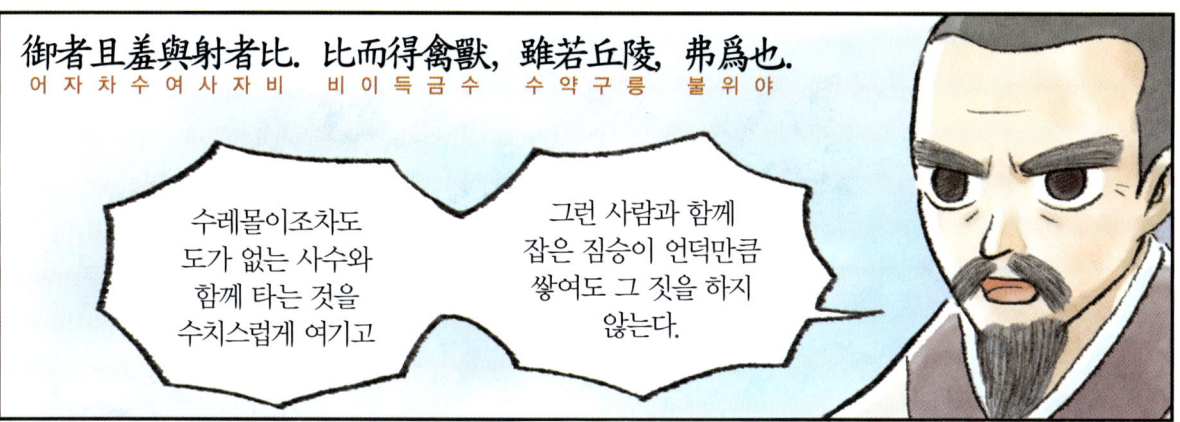

景春曰: "公孫衍、張儀, 豈不誠大丈夫哉?
경 춘 왈   공 손 연   장 의   기 불 성 대 장 부 재

一怒而諸侯懼, 安居而天下熄."
일 노 이 제 후 구   안 거 이 천 하 식

종횡가 **경춘**

공손연과 장의를 어찌 진실로 **대장부**라 하지 않을 수 있을까요?

그들이 한 번 노하면 전쟁이 일어날까 제후들이 벌벌 떨고,

그들이 편안히 지내면 비로소 천하가 평온해졌지요.

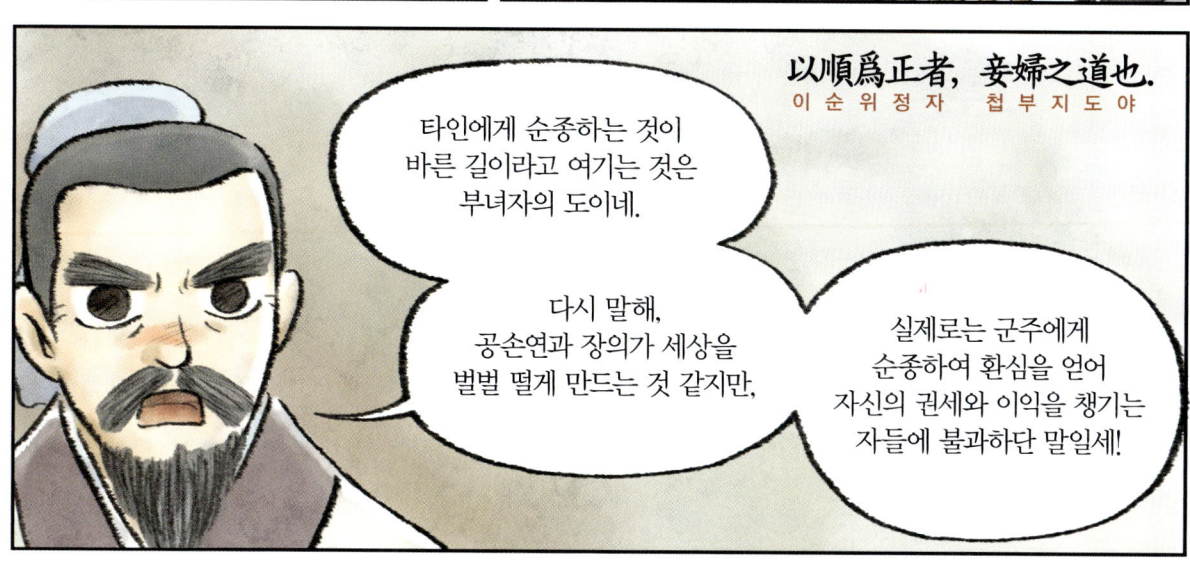

居天下之廣居, 立天下之正位, 行天下之大道.
거 천 하 지 광 거   입 천 하 지 정 위   행 천 하 지 대 도

천하의 넓은 집에 머물고, 천하의 바른 자리에 서고,
천하의 큰 도를 행하노라!

得志, 與民由之; 不得志, 獨行其道.
득 지   여 민 유 지   부 득 지   독 행 기 도

뜻을 얻으면 천하의 백성들과 함께 도를 실천하고,
뜻을 얻지 못하면 홀로 그 도를 실천하노라!

富貴不能淫, 貧賤不能移, 威武不能屈,
부 귀 불 능 음   빈 천 불 능 이   위 무 불 능 굴

부귀가 그를 타락시킬 수 없고,
빈천이 그를 비굴하게 만들지 못하며,
위세와 무력도 그를 굴복시키지 못하노라!

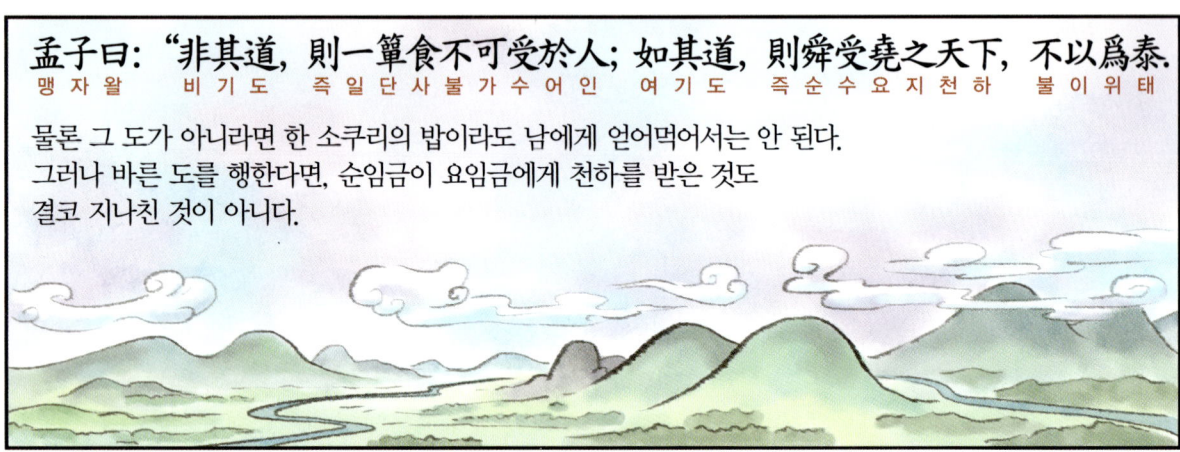

於此有人焉, 入則孝, 出則悌, 守先王之道, 以待後之學者, 而不得食於子.
어차유인언 입즉효 출즉제 수선왕지도 이대후지학자 이부득식어자

여기 집에 들어가면 효도하고, 나와서는 어른들을 공손히 모시고 선왕지도를 잘 지키면서 후대의 배우는 자들에게 그 도를 잘 전하는 한 청년이 있다고 해 보세. 그런데 자네가 이 청년이 별로 하는 일이 없다면서 그에게 먹을 것이 돌아가는 것을 막는다면,

曰: "梓匠輪輿, 其志將以求食也;
왈 재장륜여 기지장이구식야

소목장·대목수·수레바퀴공·수레집 장인은 본시 밥을 먹기 위해 하는 일입니다.

子何尊梓匠輪輿而輕爲仁義者哉?"
자하존재장륜여이경위인의자재

그대는 소목수·대목수·수레바퀴공·수레집 장인만 존경하고 인의에 종사하는 사람은 경멸하는 것이 아닌가?

曰: "子何以其志爲哉?
왈 자하이기지위재

그대는 어찌하여 동기를 따지는가?

君子之爲道也, 其志亦將以求食與?"
군자지위도야 기지역장이구식여

그렇다면 군자가 도를 행하는 것도 밥을 먹으려는 동기 때문입니까?

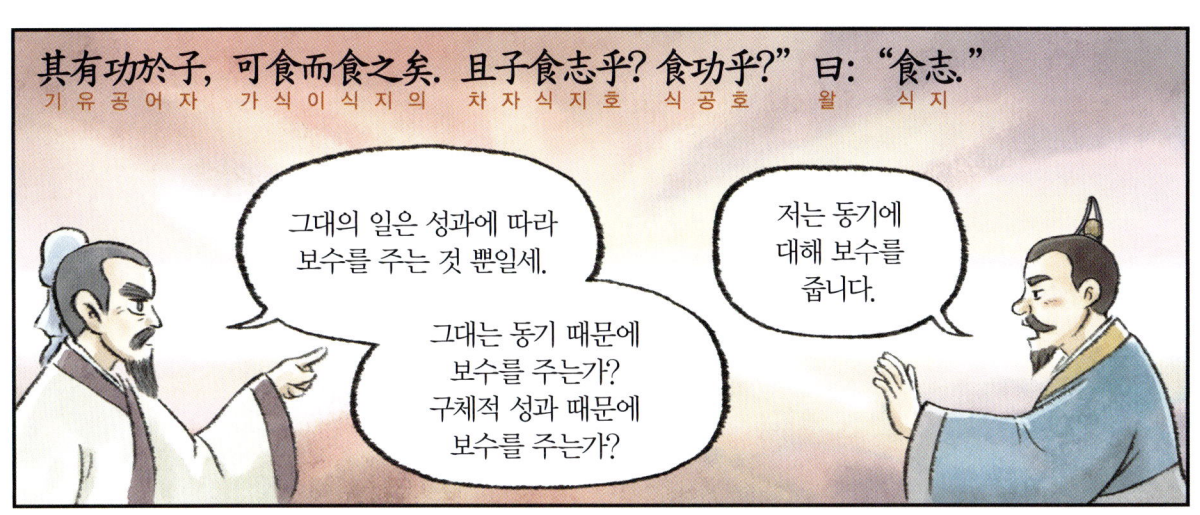

曰: "使齊人傅之."
왈 사제인부지

물론 제나라 사람이 가르치도록 하겠지요.

曰: "一齊人傅之, 衆楚人咻之,
왈 일제인부지 중초인휴지
雖日撻而求其齊也, 不可得矣;
수일달이구기제야 불가득의

한 명의 가정교사가 제나라 말을 가르친다 해도

주변의 모든 사람이 초나라 말로 떠들어대면,

매일 아이를 회초리로 때려가면서 제나라 말을 가르치려 해도 불가능할 거요.

引而置之莊嶽之間數年, 雖日撻而求其楚, 亦不可得矣.
인이치지장악지간수년 수일달이구기초 역불가득의

그런데 그 아이를 (제나라 수도 임치의) 장악거리에서 수년간 살게 한다면, 매일 회초리로 때려가면서 초나라 말을 쓰게 하려 해도 불가능할 거요.

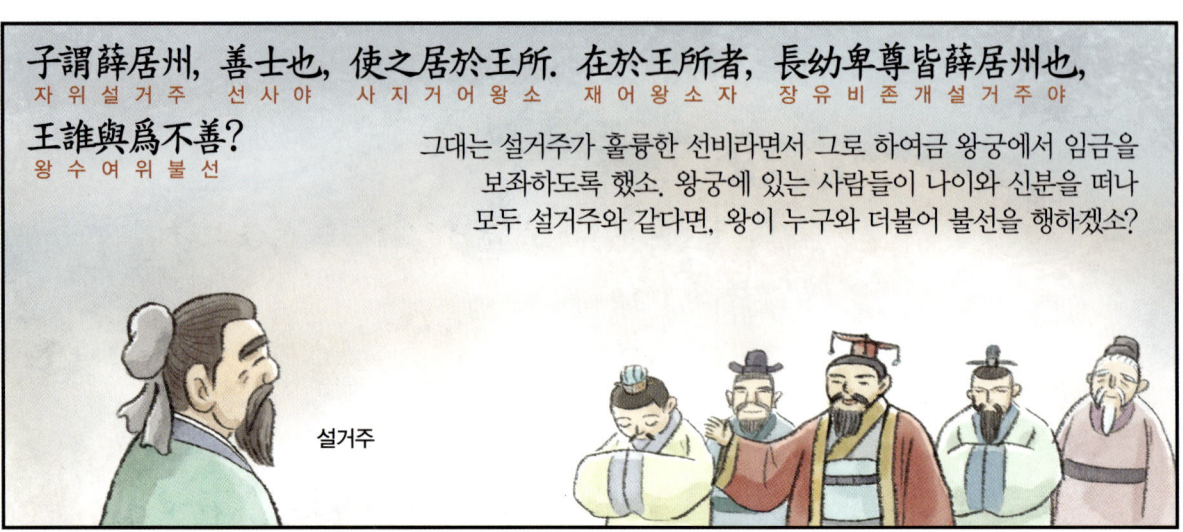

公孫丑問曰: "不見諸侯, 何義?" 孟子曰: "古者不爲臣不見.
공손추문왈　　　　불견제후　하의　　　맹자왈　　고자불위신불견

선생님께서 제후들을 찾아가 만나시지 않는 데는 어떤 뜻이 있습니까?

공손추

옛날부터 신하가 아닌 이상, 제후를 찾아가 만나지 않았다.

段干木踰垣而辟之, 泄柳閉門而不內, 是皆已甚. 迫, 斯可以見矣.
단간목유원이피지　설류폐문이불납　시개이심　박　사가이견의

단간목은 (위문후가 찾아오자) 담을 넘어가 피했고,
설류는 (노목공이 왔을 때) 대문을 열어주지 않았다.
이런 경우는 좀 심했는데, 군주가 대문 앞까지 왔을 때는
만나주는 것이 상식이다.

陽貨欲見孔子而惡無禮, 大夫有賜於士, 不得受於其家, 則往拜其門.
양화욕견공자이오무례　대부유사어사　부득수어기가　즉왕배기문

양화는 공자를 만나고 싶었으나 공자를 오라가라 하는 무례를 범하기 싫었다.
당시에는 대부가 사에게 예물을 보냈을 때 그가 직접 받지 못했다면,
대부의 집 문 앞까지 가서 감사 표시를 해야 했다.

양화(양호)

陽貨瞯孔子之亡也, 而饋孔子蒸豚; 孔子亦瞯其亡也, 而往拜之.
양화감공자지무야   이궤공자증돈   공자역감기무야   이왕배지
當是時, 陽貨先, 豈得不見?
당시시 양화선 기득불견

양화는 공자가 집에 없는 틈을 엿보아 공자에게 찐 돼지를 보냈는데, 공자 또한 양화가 집에 없는 틈을 엿보아 양화 집을 방문하여 예를 표하였다. 만약 양화가 직접 집으로 찾아왔다면, 어찌 공자가 만나지 않았겠는가?

曾子曰: '脅肩諂笑, 病于夏畦.'   子路曰: '未同而言, 觀其色赧赧然, 非由之所知也.'
증자왈   협견첨소 병우하휴   자로왈   미동이언 관기색난난연   비유지소지야

증자가 말했다.

자로가 말했다.

> 목을 움츠리고 어깨를 올리면서 아첨하고 살살 웃는 것은 여름 땡볕 아래서 밭일하는 것보다 훨씬 더 피곤하다.

> 속으로 동의하지 않는데도 동의하는 척 하는 사람의 얼굴에는 부끄러워하는 붉은 기운이 감돈다. 나 유는 그런 자들은 상대하지 않는다.

由是觀之, 則君子之所養, 可知已矣."
유시관지 즉군자지소양 가지이의

> 이로 미루어본다면, 군자가 어떻게 자신의 인품을 길러야 하는지 알 수 있을 것이다.

등문공 하 - 8

戴盈之曰: "什一, 去關市之征, 今茲未能, 請輕之, 以待來年, 然後已,
대영지왈   십일 거관시지정 금자미능 청경지 이대래년 연후이

何如?"
하여

어떨까요?

孟子曰: "今有人日攘其鄰之雞者,
맹자왈   금유인일양기린지계자

여기 이웃집 닭을 매일 한 마리씩 훔치는 사람이 있다고 합시다.

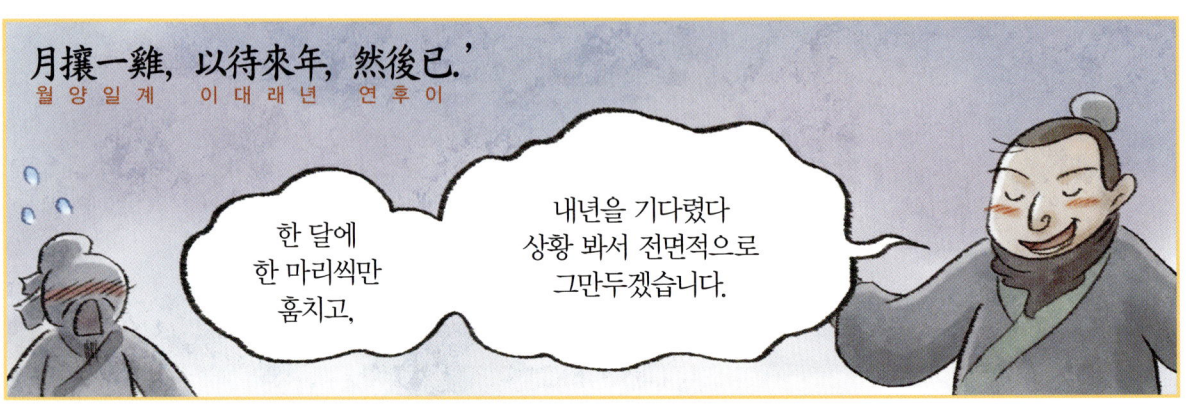

公都子曰: "外人皆稱夫子好辯, 敢問何也?" 孟子曰: "予豈好辯哉?
공 도 자 왈   외 인 개 칭 부 자 호 변   감 문 하 야   맹 자 왈   여 기 호 변 재

予不得已也.
여 부 득 이 야

天下之生久矣, 一治一亂.
천하지생구의   일치일란

하늘 아래 사람들이 살아온 기나긴 세월 동안, **한 시기는 혼란스럽고 한 시기는 질서가 잡히는** 일치일란의 역사가 반복되어 왔다.

當堯之時, 水逆行, 氾濫於中國, 蛇龍居之, 民無所定. 下者爲巢, 上者爲營窟.
당요지시 수역행 범람어중국 사룡거지 민무소정 하자위소 상자위영굴

요임금이 다스리던 시기에는 수로가 막혀 강이 역류해 온 나라에 범람하고, 뱀과 용이 같이 살았고, 백성들은 정착해 살 곳이 없어 저지대의 사람들은 나무 위에 원두막을 엮어 살았고, 고지대의 사람들은 동굴을 파고 들어가 살았다.

第 一 亂
제 일 란

『서』에 이르기를, '강수가 나 순에게 경고를 주는구나'라고 했는데, 여기서 강수는 곧 홍수를 말한다.

書曰: '洚水警余.' 洚水者, 洪水也.
서왈   강수경여   강수자   홍수야

252 도올만화맹자·1

使禹治之. 禹掘地而注之海, 驅蛇龍而放之菹. 水由地中行, 江ヽ淮ヽ河ヽ漢是也.
사 우 치 지　우 굴 지 이 주 지 해　구 사 룡 이 방 지 저　수 유 지 중 행　강　회　하　한 시 야

순임금은 우에게 홍수를 다스리게 했다. 우는 땅을 파서 강물이 바다로 흘러가게 했고
뱀과 용을 늪지로 추방시키고 강물은 수로를 따라서만 흐르게 했으니,
이것이 바로 양자강·회하·황하·한수이다.

이로써 위험한 범람이 사라져 땅이 드러나고
사람을 해치는 새와 짐승이 사라졌다.
드디어 사람들은 평지에 정착해서 살 수 있게 된 것이다.

第一 治
제 일 치

險阻旣遠, 鳥獸之害人者消, 然後人得平土而居之.
험 조 기 원　조 수 지 해 인 자 소　연 후 인 득 평 토 이 거 지

堯ヽ舜旣沒, 聖人之道衰, 暴君代作, 壞宮室以爲汙池, 民無所安息; 棄田以爲園囿,
요　순 기 몰　성 인 지 도 쇠　폭 군 대 작　괴 궁 실 이 위 오 지　민 무 소 안 식　기 전 이 위 원 유

使民不得衣食.
사 민 부 득 의 식

요·순임금이 죽고 나서는 천하의 도가 쇠약해지고 폭군이 번갈아 일어났다.
그들이 백성의 집을 헐어 연못을 만들어버리니 백성은 편안히 살 곳이 없고,
논밭을 없애 화원과 목장으로 만들어버리니 백성들은 입고 먹을 수가 없었다.

第二 亂
제 이 란

그릇된 주장과 난폭한 행동이 다시 일어나고,
화원과 목장, 연못, 늪지가 많아져 짐승들이 다시 몰려들었다.
은나라의 주(紂)왕에 이르러 천하는 다시 큰 혼란에 빠지게 되었다.

邪說暴行又作, 園囿ヽ汙池ヽ沛澤多而禽獸至. 及紂之身, 天下又大亂.
사 설 폭 행 우 작　원 유　오 지　패 택 다 이 금 수 지　급 주 지 신　천 하 우 대 란

周公相武王誅紂, 伐奄三年討其君, 驅飛廉於海隅而戮之. 滅國者五十, 驅虎、
주공상무왕주주　벌엄삼년토기군　구비렴어해우이륙지　멸국자오십　구호

豹、犀、象而遠之, 天下大悅.
표　서　상이원지　천하대열

이에 주공은 형 무왕을 도와 주(紂)의 죄를 물어 죽이고 그 동맹국인 엄나라를 정벌해 3년 만에 그 임금을 죽였다. 또 주의 신하였던 비렴을 해변으로 내쫓아 죽였으며, 대적하는 나라들을 멸망시킨 것이 50이나 되었고, 호랑이·표범·코뿔소·코끼리를 멀리 쫓아내니, 천하 사람들이 모두 크게 기뻐하였다.

주周　　은殷

『서』에 이르기를,
'크게 빛나도다, 문왕의 계획이여! 잘 계승하였도다, 무왕의 맹렬한 무공이여! 우리 후대 사람들을 깨우치고 도와주니 모든 것을 바르게 하여 흠이 없도록 만드셨도다.'

第二 治
제 이 치

書曰: '丕顯哉, 文王謨! 丕承哉, 武王烈! 佑啓我後人, 咸以正無缺.'
서왈　비현재　문왕모　비승재　무왕열　우계아후인　함이정무결

世衰道微, 邪說暴行有作, 臣弒其君者有之, 子弒其父者有之.
세쇠도미　사설폭행유작　신시기군자유지　자시기부자유지

그러나 그 후 세상이 쇠퇴하고 왕도가 미약해지자 그릇된 주장과 난폭한 행동이 다시 구름처럼 일어났다. 신하가 임금을 시해하는가 하면 아들이 아버지를 죽이는 일이 일어났다.

第三 亂
제 삼 란

孔子懼, 作春秋. 春秋, 天子之事也. 是故孔子曰: '知我者其惟春秋乎!
공자구　작춘추　춘추　천자지사야　시고공자왈　　지아자기유춘추호
罪我者其惟春秋乎!'
죄아자기유춘추호

공자께서는 이런 세태를 깊게 우려하시어 『춘추』를 작(作)하셨다.
『춘추』와 같은 역사서에 관한 일은 천자의 일이지만,
공자께서는 이렇게 말씀하시곤 했다.

'나의 뜻을 진정 알아주는 것도 오직『춘추』로써 할 수밖에 없고,
나의 잘못을 들추는 것도 오직『춘추』로써 할 수밖에 없을 것이다!'

第三 治
제 삼 치

聖王不作, 諸侯放恣, 處士橫議, 楊朱丶墨翟之言盈天下. 天下之言不歸楊, 則歸墨.
성왕부작　제후방자　처사횡의　양주　묵적지언영천하　　천하지언불귀양　즉귀묵

그 뒤 성왕은 출현하지 않았고, 제후들은 방자해지고 처사들은
멋대로 의논을 일삼아 양주와 묵적의 논의가 천하를 휘덮으니,
천하의 모든 논의가 양주 아니면 묵적에게 줄 서는 판세가 되었다.

양씨는 오직 자신만을 위하니 이는 임금을 인정하지 않는 무정부주의이고,
묵씨는 모든 사람을 차별 없이 사랑하니 이는 아버지를 인정하지 않는
비가족주의이다. 아비도 없고 임금도 없는 사람은 짐승과 같다.

第四 亂
제 사 란

楊氏爲我, 是無君也; 墨氏兼愛, 是無父也. 無父無君, 是禽獸也.
양씨위아　시무군야　묵씨겸애　시무부야　무부무군　시금수야

등문공-하　255

公明儀曰: '庖有肥肉, 廐有肥馬, 民有飢色, 野有餓莩, 此率獸而食人也.'
공명의왈   포유비육   구유비마   민유기색   야유아표   차솔수인식인야

공명의가 말하였다.

'푸줏간에 기름진 고기가 있고 마구간에 살찐 말이 있는데, 백성들의 얼굴에 굶은 기색이 완연하고 들판에는 굶어죽은 사람의 시체가 뒹군다면, 이것은 짐승을 거느리고 나아가 사람을 잡아먹게 한 것과 마찬가지다.'

楊ヽ墨之道不息, 孔子之道不著, 是邪說誣民, 充塞仁義也.
양   묵지도불식   공자지도부저   시사설무민   충색인의야

양주·묵적의 도를 끝내지 않으면 공자의 도가 드러날 수가 없다.
그러면 곧 그릇된 학설이 백성을 속이고 인의가 드러나는 것을 막는다.

仁義充塞, 則率獸食人, 人將相食.
인의충색   즉솔수식인   인장상식

인의가 막히면, 곧 짐승을 거느리고 나아가 사람을 잡아먹게 하는 짓이 정당화되고, 결국 사람이 사람을 잡아먹는 사회가 오게 된다.

吾爲此懼, 閑先聖之道, 距楊、墨, 放淫辭, 邪說者不得作.
오 위 차 구　한 선 성 지 도　거 양　묵　방 음 사　사 설 자 부 득 작

나는 이 점이 몹시 두렵다.
그래서 나는 세상에 나와 앞선 성인의 도를 방어하고,
양주와 묵적의 학설을 물리쳐야만 했으며, 무책임한 언론을 막아
그릇된 학설이 사회에 퍼지지 못하게 하려고 한 것이다.

第四治
제 사 치

作於其心, 害於其事; 作於其事, 害於其政. 聖人復起, 不易吾言矣.
작 어 기 심　해 어 기 사　작 어 기 사　해 어 기 정　성 인 부 기　불 역 오 언 의

그릇된 학설이 백성의 마음에 깃들게 되면 그들이 하는 일에 해가 되고,
그렇게 되면 결국 우리 인간 사회의 정치가 다 망가지게 된다.
성인이 다시 나타나신다 해도 나의 이 말에 동의하실 것이다.

昔者禹抑洪水而天下平, 周公兼夷狄、驅猛獸而百姓寧, 孔子成春秋而亂臣賊子懼.
석 자 우 억 홍 수 이 천 하 평　주 공 겸 이 적　구 맹 수 이 백 성 녕　공 자 성 춘 추 이 난 신 적 자 구

옛날에 우임금이 홍수를 막아 천하가 태평해졌고,
주공이 오랑캐를 한데 합치고 맹수를 몰아내어 백성을 편안케 하였고,
공자가 『춘추』를 지으니 나라를 어지럽히는 신하와 불효자들이
자신의 잘못을 알고 두려워하게 되었다.

詩云: '戎狄是膺, 荊·舒是懲, 則莫我敢承.' 無父無君, 是周公所膺也.
시운   융적시응   형 서시징   즉막아감승   무부무군   시주공소응야

『시』에 말하였다.

오랑캐 융과 적을 응징하고
형(초)나라와 서나라를 정벌하니
누가 감히 나의 앞길을 막을 것인가!

아버지와 군주를 부정하는 오랑캐들은 이미 주공께서 응징하셨다.

我亦欲正人心, 息邪說, 距詖行, 放淫辭, 以承三聖者.
아역욕정인심   식사설   거피행   방음사   이승삼성자

나 또한 사람들의 마음을 바로잡고

부정한 말을 몰아내고 극단적 행동을 막아내어

그릇된 학설을 없애버리고

우임금·주공·공자, 세 성인의 대업을 계승하고자 하는데,

『맹자』와 조기

유교가 '공맹학'으로 불린 것은 송나라 이후의 일입니다.

그 이전에는 '주공'이나 '공안'이라는 말이 있었을 뿐,

당나라 때까지만 해도 맹자는 별로 알려지지 않은 제자백가 중 한 사람이었죠.

유교의 도통론을 주장한 한유가 처음으로

유교의 도학이 전해진 계통의 마지막에 맹자를 놓음으로써

『맹자』는 세상에 널리 알려지게 되었습니다.

요 → 순 → 우 → 탕
→ 문왕 → 무왕 → 주공
→ 공자 → 맹자

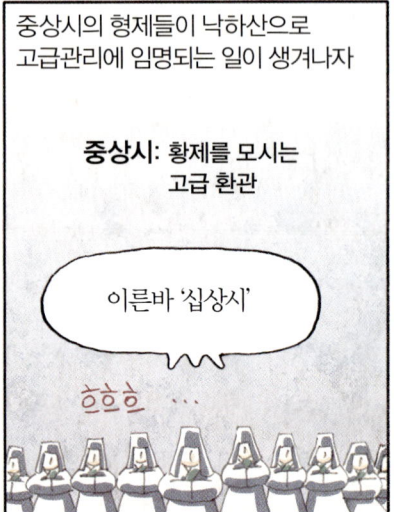

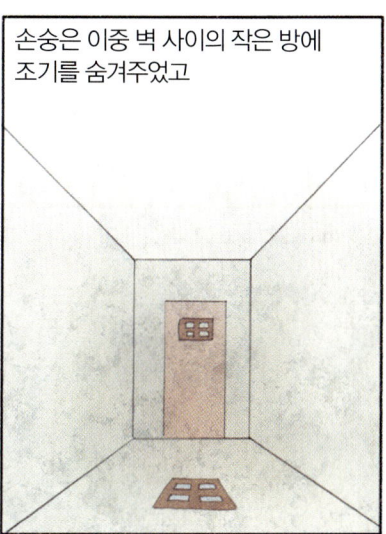

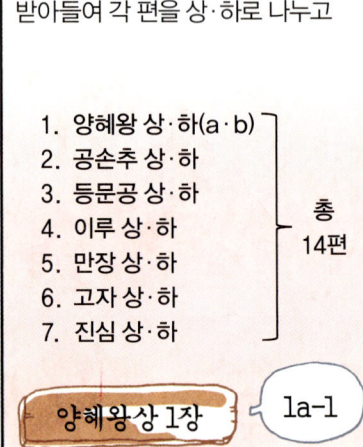

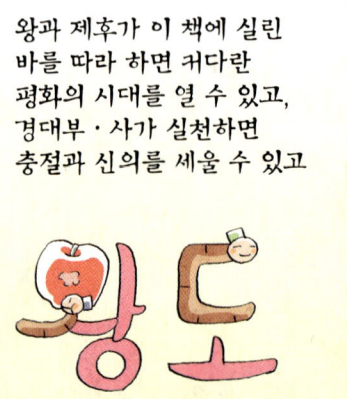

자신과 현인들의 모습을 그려 넣은 조기의 무덤

맹자의 나라, 조선

오늘날, 우리는 과거에 비해 언론의 자유가 어느 정도 확보된 사회에서 살고 있다고 생각하기 쉽지만…

표현의 자유

맹자의 말을 묵묵히 듣고 앉아 있는 제선왕을 보면

왕이라도 인의를 해치면 죽임을 당하는 수가 있습니다.

그 당시 제나라 조정의 분위기는 오늘날보다 더 관용이 있어 보입니다.

나라가 잘 다스려지지 않아 백성이 경제적 빈곤으로 고통받는다면 그 왕을 어떻게 해야 할까요?

맹자를 왕의 고문으로 모시려면 그 일행을 함께 접대해야 했고

300여 명

맹자를 함부로 부르기는커녕 존경심을 표하며 예의를 차려야 했지만

所不召之臣
소 불 소 지 신

: 마음대로 부를 수 없는 신하

상의하고 싶으면 이쪽으로 오셈…

맹자가 7년을 제나라에 머무른 것은 제선왕의 인품을 짐작하게 해줍니다.

수도 임치 한가운데에 맹자학교를 만들고 선생께 1만 종의 곡식을 드리겠노라!

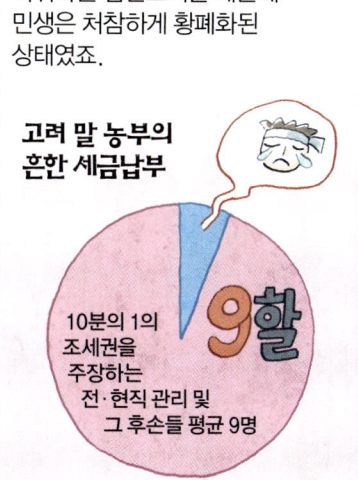

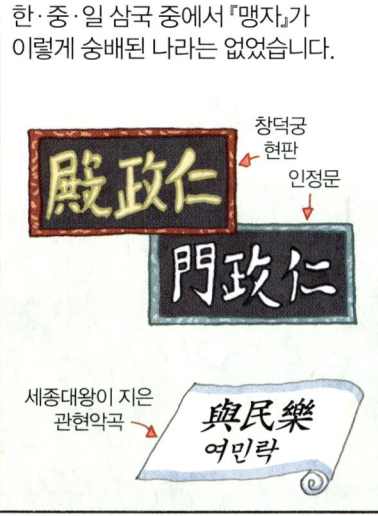

20세기를 줄기차게 이어온 학생들의 항거와 봉기, 혁명,

항일독립전쟁

인류사상 유례없는 이러한 활력의 표출은

4.19 혁명

6월 민주항쟁

맹자의 민본사상을 고려하지 않고는 상상할 수 없는 일들이었죠.

맹자가 살았던 시대와 우리가 사는 시대는 크게 다르지 않습니다.

戰國時代
전 국 시 대

현대도 또한 권력과 무력으로 세계를 통합하려는 패자의 시대이죠.

이런 패자들의 시대에 어떻게 살 것인가?

이에 대한 해답을 『맹자』에서 얻을 수 있습니다.

약소국의 제후인 등문공이 맹자에게 질문한 내용은

등나라는 작은 나라입니다.
대국인 제나라와 초나라 사이에서 시달리고 있습니다.
제나라를 섬겨야 할까요?
초나라를 섬겨야 할까요?
— 「양혜왕」 하 13

현재 우리나라의 상황과 정확하게 맞아 떨어집니다.

제나라 사람들이
우리나라 바로 아래
설나라에다 군사 요새를
건설하고 있는데 어찌하면
좋을까요?
— 「양혜왕」 하 14

약소국이 강대국 사이에서 살아남을 수 있는 방법은 무력에 의지하는 것이 아닙니다.

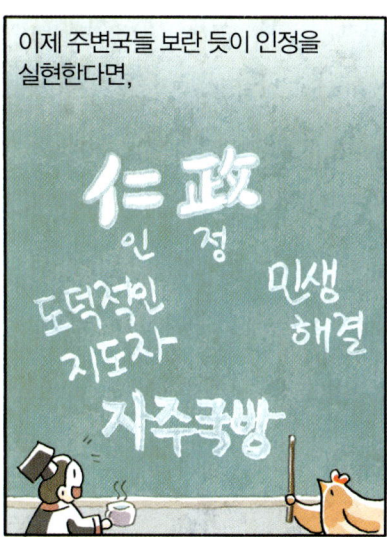

상세목차

양혜왕 상(梁惠王 上)

孟子見梁惠王. · 10
맹자견양혜왕

孟子見梁惠王. 王立於沼上, 顧鴻鴈麋鹿曰:"賢者亦樂此乎?"· 15
맹자견양혜왕 왕립어소상 고홍안미록왈 현자역락차호

梁惠王曰:"寡人之於國也, 盡心焉耳矣.· 18
양혜왕왈 과인지어국야 진심언이의

梁惠王曰:"寡人願安承敎."· 24
양혜왕왈 과인원안승교

梁惠王曰:"晉國, 天下莫强焉, 叟之所知也.· 27
양혜왕왈 진국 천하막강언 수지소지야

孟子見梁襄王. 出, 語人曰:"望之不似人君, 就之而不見所畏焉.· 30
맹자견양양왕 출 어인왈 망지불사인군 취지이불견소외언

齊宣王問曰:"齊桓、晉文之事, 可得聞乎?"· 33
제선왕문왈 제환 진문지사 가득문호

양혜왕 하(梁惠王 下)

莊暴見孟子曰:"暴見於王, 王語暴以好樂, 暴未有以對也."· 68
장포견맹자왈 포견어왕 왕어포이호악 포미유이대야

齊宣王問曰:"文王之囿, 方七十里, 有諸?" 孟子對曰:"於傳有之."· 74
제선왕문왈 문왕지유 방칠십리 유저 맹자대왈 어전유지

齊宣王見孟子於雪宮. 王曰:"賢者亦有此樂乎?" 孟子對曰:"有.· 77
제선왕견맹자어설궁 왕왈 현자역유차락호 맹자대왈 유

齊宣王問曰:"人皆謂我毁明堂, 毁諸? 已乎?"· 84
제선왕문왈 인개위아훼명당 훼저 이호

孟子謂齊宣王曰:"王之臣有託其妻子於其友而之楚遊者,· 90
맹자위제선왕왈 왕지신유탁기처자어기우이지초유자

孟子見齊宣王曰:"所謂故國者, 非謂有喬木之謂也, 有世臣之謂也.· 92
맹자견제선왕왈 소위고국자 비위유교목지위야 유세신지위야

齊宣王問曰:"湯放桀, 武王伐紂, 有諸?" 孟子對曰:"於傳有之."· 96
제선왕문왈 탕방걸 무왕벌주 유저 맹자대왈 어전유지

齊人伐燕, 勝之. 宣王問曰: "或謂寡人勿取, 或謂寡人取之. · 98
제인벌연 승지 선왕문왈 혹위과인물취 혹위과인취지

齊人伐燕, 取之. 諸侯將謀救燕. 宣王曰: "諸侯多謀伐寡人者, 何以待之?" · 101
제인벌연 취지 제후장모구연 선왕왈 제후다모벌과인자 하이대지

공손추 상(公孫丑 上)

公孫丑問曰: "夫子當路於齊, 管仲、晏子之功, 可復許乎?" · 122
공손추문왈 부자당로어제 관중 안자지공 가부허호

公孫丑問曰: "夫子加齊之卿相, 得行道焉, 雖由此霸王, 不異矣. · 129
공손추문왈 부자가제지경상 득행도언 수유차패왕 불이의

孟子曰: "以力假仁者霸, 霸必有大國; 以德行仁者王, 王不待大. · 139
맹자왈 이력가인자패 패필유대국 이덕행인자왕 왕부대대

孟子曰: "仁則榮, 不仁則辱. 今惡辱而居不仁, 是猶惡濕而居下也. · 141
맹자왈 인즉영 불인즉욕 금오욕이거불인 시유오습이거하야

孟子曰: "人皆有不忍人之心. 先王有不忍人之心, 斯有不忍人之政矣. · 144
맹자왈 인개유불인인지심 선왕유불인인지심 사유불인인지정의

孟子曰: "矢人豈不仁於函人哉? 矢人唯恐不傷人, 函人唯恐傷人. · 149
맹자왈 시인기불인어함인재 시인유공불상인 함인유공상인

공손추 하(公孫丑 下)

孟子將朝王, 王使人來曰: "寡人如就見者也, 有寒疾, 不可以風. · 154
맹자장조왕 왕사인래왈 과인여취견자야 유한질 불가이풍

孟子致爲臣而歸. 王就見孟子, 曰: "前日願見而不可得, 得侍同朝, 甚喜. · 162
맹자치위신이귀 왕취견맹자 왈 전일원견이불가득 득시동조 심희

孟子去齊, 宿於晝. 有欲爲王留行者, 坐而言. 不應, 隱几而臥. 客不悅. · 167
맹자거제 숙어주 유욕위왕유행자 좌이언 불응 은궤이와 객불열

孟子去齊. 尹士語人曰: "不識王之不可以爲湯、武, 則是不明也; · 169
맹자거제 윤사어인왈 불식왕지불가이위탕 무 즉시불명야

孟子去齊. 充虞路問曰: "夫子若有不豫色然. 前日虞聞諸夫子曰: · 173
맹자거제 충우로문왈 부자약유불예색연 전일우문저부자왈

孟子去齊, 居休. 公孫丑問曰: "仕而不受祿, 古之道乎?" · 176
맹자거제　거휴　공손추문왈　사이불수록　고지도호

등문공 상(滕文公 上)

滕文公爲世子, 將之楚, 過宋而見孟子. 孟子道性善, 言必稱堯舜. · 194
등문공위세자　장지초　과송이견맹자　맹자도성선　언필칭요순

滕定公薨. 世子謂然友曰: "昔者孟子嘗與我言於宋, 於心終不忘. · 197
등정공훙　세자위연우왈　석자맹자상여아언어송　어심종불망

滕文公問爲國. · 204
등문공문위국

有爲神農之言者許行, 自楚之滕, 踵門而告文公曰: · 214
유위신농지언자허행　자초지등　종문이고문공왈

墨者夷之, 因徐辟而求見孟子. 孟子曰: "吾固願見, 今吾尙病, · 224
묵자이지　인서벽이구견맹자　맹자왈　오고원견　금오상병

등문공 하(滕文公 下)

陳代曰: "不見諸侯, 宜若小然; 今一見之, 大則以王, 小則以霸. · 230
진대왈　불견제후　의약소연　금일견지　대즉이왕　소즉이패

景春曰: "公孫衍・張儀, 豈不誠大丈夫哉? · 236
경춘왈　공손연　장의　기불성대장부재

彭更問曰: "後車數十乘, 從者數百人, 以傳食於諸侯, 不以泰乎?" · 240
팽갱문왈　후거수십승　종자수백인　이전식어제후　불이태호

孟子謂戴不勝曰: "子欲子之王之善與? 我明告子. 有楚大夫於此, · 244
맹자위대불승왈　자욕자지왕지선여　아명고자　유초대부어차

公孫丑問曰: "不見諸侯, 何義?" 孟子曰: "古者不爲臣不見. · 247
공손추문왈　불견제후　하의　맹자왈　고자불위신불견

戴盈之曰: "什一, 去關市之征, 今茲未能, 請輕之, 以待來年, 然後已, · 249
대영지왈　십일　거관시지정　금자미능　청경지　이대래년　연후이

公都子曰: "外人皆稱夫子好辯, 敢問何也?" 孟子曰: "予豈好辯哉? · 251
공도자왈　외인개칭부자호변　감문하야　맹자왈　여기호변재

도올만화맹자 1

2016년 5월 9일 초판발행
2016년 5월 9일 1판 1쇄

지은이 · 보현 · 안승희
펴낸이 · 남호섭
편집책임 · 김인혜
편집 · 제작 · 오성룡 임진권 신수기
채색 · 안승희 박진숙
본문디자인 · 권진영
표지디자인 · 박현택
펴낸곳 · 통나무

주소 · 서울 종로구 동숭동 199-27
전화 · (02) 744-7992
팩스 · (02) 762-8520
출판등록 · 1989.11.3. 제1-970호
값 · 14,500원

ⓒ 보현 · 안승희, 2016

ISBN 978-89-8264-507-5 (47140)
ISBN 978-89-8264-506-8 (전2권)